CLASSIQUES
& CIE
PHILO

KANT

Qu'est-ce que les Lumières ?
(1784)

suivi d'une **analyse critique**
et d'un **dossier sur la notion de liberté**

Collection dirigée par **Laurence Hansen-Løve**

Traduction originale, notes, analyse et dossier par **Jean-Michel Muglioni**
agrégé de philosophie
professeur de Première supérieure au lycée Louis-le-Grand (Paris)

Hatier

Qu'est-ce que les Lumières ?

04 *Was is Aufklärung ?* Ce que signifie le titre allemand

07 Section 1
07 Section 2
08 Section 3
09 Section 4
09 Section 5
12 Section 6
15 Section 7
15 Section 8
16 Section 9
17 Section 10

L'analyse critique

REPÈRES CLÉS POUR SITUER L'ŒUVRE

20 REPÈRE 1 ♦ **Frise chronologique**
22 REPÈRE 2 ♦ **Repères biographiques**
24 REPÈRE 3 ♦ **Le contexte politique et littéraire**

FICHES DE LECTURE POUR COMPRENDRE LES ENJEUX DE L'ŒUVRE

28 FICHE 1 ♦ **L'architecture de l'œuvre**
29 FICHE 2 ♦ **Penser par soi-même, sans préjugé**
53 FICHE 3 ♦ **La propagation des Lumières**
60 FICHE 4 ♦ **L'argumentation de l'opuscule**
70 FICHE 5 ♦ **Les Lumières et la république**
84 FICHE 6 ♦ **La question de la liberté en matière de religion**
95 FICHE 7 ♦ **Conclusion : l'honneur d'être homme**

 – ISBN 978-2-218-99140-0

Le dossier sur
la notion de liberté

TEXTES ÉCHOS POUR APPROFONDIR LA NOTION

100 TEXTE 1 ♦ **Leibniz,** *Nouveaux Essais sur l'entendement humain* (1704), II, XXI, § 8

104 TEXTE 2 ♦ **Rousseau,** *Lettres écrites de la montagne* (1764)

108 TEXTE 3 ♦ **Simone Weil,** « Réflexion sur les causes de la liberté et de l'oppression sociale », *Oppression et liberté* (1933-1943)

112 TEXTE 4 ♦ **Alain,** *Vigiles de l'esprit* (1942), LXIII

PROBLÉMATIQUES POUR INTERROGER LA NOTION

116 PROBLÉMATIQUE 1 ♦ **La liberté d'expression signifie-t-elle que toutes les opinions sont respectables ?**

119 PROBLÉMATIQUE 2 ♦ **Reconnaître une obligation, est-ce renoncer à être libre ?**

121 PROBLÉMATIQUE 3 ♦ **Qu'est-ce qu'avoir de la volonté ?**

OUTILS COMPLÉMENTAIRES

125 **Glossaire**

127 **Bibliographie**

Was is Aufklärung ?
Ce que signifie le titre allemand

Le XVIIIe siècle s'est lui-même voulu et proclamé siècle des Lumières. Le mot *Aufklärung*[1], par lequel les Allemands désignaient et désignent toujours cette époque, contient lui aussi la comparaison avec la lumière. Cette analogie[2] donne à penser une manière dont l'esprit parvient à l'intelligence de la nature des choses : comprendre, c'est voir clairement ce que l'on regarde. Mais il ne s'agit pas seulement du progrès des sciences : l'homme éclairé peut conduire sa vie. L'ignorant ou le superstitieux est perdu dans la nuit : esclave de ses erreurs et de ses illusions, il est prêt à croire les tyrans et à renoncer à sa propre liberté. L'homme éclairé s'est délivré de l'obscurantisme[3]. Voir clair pour marcher sur la bonne route, tel est le sens de la métaphore. Elle montre que raison et liberté sont une seule et même chose, et que l'oppression politique repose sur les illusions des hommes.

Le mot allemand *Aufklärung* comprend une idée qui n'est pas donnée par le terme français de « Lumières » : celle du processus par lequel la lumière est obtenue, se fait, se diffuse ou se répand.

---

1. ***Aufklärung*** : clarification d'un liquide, éclaircissement (explication) d'une question ; mission militaire de reconnaissance.

2. Analogie : mise en rapport ou en relation de choses différentes. *Cf.* Glossaire, p. 125.

3. *Cf. infra*, p. 17, § 10, l. 267-268 : « peur de l'ombre ». Pour les autres œuvres de Kant, nous donnons sous le titre *AK* la pagination des œuvres complètes dans l'édition de l'académie de Berlin, pagination qui figure dans nombre de traductions françaises.

Kant mettant l'accent sur ce point, nous traduisons *Aufklärung* « accès aux Lumières » ou « progrès des Lumières ». *Aufklärer* signifie homme éclairé et propagateur des Lumières, celui qui fait en sorte que les autres soient éclairés, que l'humanité tout entière devienne ainsi capable de prendre en main son destin. Kant prend donc à la lettre la question posée : *Was ist Aufklärung ?* qu'on ne devrait pas traduire : « Qu'est-ce que les Lumières ? » mais : « Qu'est-ce que le progrès des Lumières ? » Sans chercher à savoir ce que sont les Lumières, il demande comment l'homme peut y accéder, comment l'humanité peut sortir de la nuit des préjugés pour accéder à la lumière de la raison, c'est-à-dire à la pensée libre.

Le propos de Kant est donc aussi politique : seuls des hommes libres, capables de penser par eux-mêmes, peuvent vivre dans un État républicain et non despotique ; ils y sont citoyens et non sujets d'un despote ou esclaves d'un maître. Et cette libération, parce qu'elle fait d'eux des hommes capables d'user de raison, ne met pas en péril l'État et la religion. Nous le verrons, cet opuscule répond aux objections des politiques et des prêtres qui considèrent que la libération des hommes entraînerait la ruine de l'ordre politique extérieur et de la moralité intérieure ; il montre comment les hommes peuvent se libérer du despotisme pour accéder à la vraie politique et à la vraie religion.

La question des Lumières ainsi comprise est celle de l'éducation du genre humain – il s'agit de la philosophie de l'histoire – et tout le XVIIIe siècle se l'est posée[1] ; nous verrons pourquoi elle porte essentiellement sur la religion, et ce, dans le cadre d'une analyse purement rationnelle.

---

1. *Cf.* Lessing, *L'Éducation du genre humain*, 1780.

La numérotation des paragraphes n'est pas proposée par Kant.
Elle permettra de se repérer dans le commentaire.

Nous remercions Mme Duverdier pour ses conseils.

Qu'est-ce que les Lumières ? (1784)

[1] *Accéder aux Lumières consiste pour l'homme à sortir de la minorité où il se trouve par sa propre faute. Être mineur*, c'est être incapable de se servir de son propre entendement sans la direction d'un autre. L'homme est par sa propre faute dans cet état de minorité quand ce n'est pas le manque d'entendement qui en est la cause mais le manque de décision et de courage à se servir de son entendement sans la direction d'un autre. *Sapere aude !* « Ose savoir ! » Aie le courage de te servir de ton *propre* entendement ! Telle est la devise des Lumières.

[2] La paresse et la lâcheté sont les causes qui font qu'un aussi grand nombre d'hommes préfèrent rester mineurs leur vie durant, longtemps après que la nature les a affranchis de toute direction étrangère (*naturaliter majores*[1]) ; et ces mêmes causes font qu'il devient si facile à d'autres de se prétendre leurs tuteurs. Il est si aisé d'être mineur ! Avec un livre qui tient lieu d'entendement, un directeur de conscience qui me tient lieu de conscience, un médecin qui juge pour moi de mon régime, etc., je n'ai vraiment pas besoin de me donner moi-même de la peine. Il ne m'est pas nécessaire de penser, pourvu que je puisse payer ; d'autres se chargeront bien pour

1. ***Naturaliter majores*** : naturellement majeurs.

moi de cette ennuyeuse besogne. Les tuteurs, qui se sont très aimablement chargés d'exercer sur eux leur haute direction, ne manquent pas de faire que la partie de loin la plus grande de hommes (avec le beau sexe tout entier), tient pour très dangereux le pas vers la majorité, qui est déjà en lui-même pénible. Après avoir abêti leur bétail et avoir soigneusement pris garde de ne pas permettre à ces tranquilles créatures d'oser faire le moindre pas hors du chariot[1] où ils les ont enfermées, ils leur montrent le danger qui les menace si elles essaient de marcher seules. Or, ce danger n'est vraiment pas si grand, car elles finiraient bien par apprendre à marcher après quelques chutes ; seulement, un exemple de ce genre rend timide et dissuade ordinairement de faire d'autres essais.

[3] Il est donc difficile pour chaque homme pris individuellement de s'arracher à la minorité qui est presque devenue pour lui une nature. Il y a même pris goût et il est pour le moment réellement incapable de se servir de son propre entendement, parce qu'on ne lui en a jamais laissé faire l'essai. Préceptes et formules, instruments mécaniques permettant un usage raisonnable ou plutôt un mauvais usage de ses dons naturels, sont les entraves[2] qui perpétuent la minorité. Celui-là même qui les rejetterait ne franchirait le plus étroit fossé que d'un saut encore mal assuré, parce qu'il n'est pas habitué à une semblable liberté de mouvement. C'est pourquoi il n'y a que peu d'hommes qui soient parvenus à s'arracher à la minorité en exerçant eux-mêmes leur esprit et à marcher malgré tout d'un pas sûr.

1. **Chariot** : sortes d'appareils à roulettes dont on se servait pour maintenir les petits enfants debout. *Cf. infra*, fiche 4, p. 62-63.

2. **Entraves** : il s'agit de grelots attachés aux pieds (nous traduisons ici librement).

[4] Mais qu'un public s'éclaire lui-même, voilà qui, au contraire, est possible ; c'est même presque inévitable pourvu qu'on lui en laisse la liberté. Alors, en effet, il se trouvera toujours, même parmi les tuteurs attitrés de la grande masse, quelques hommes pensant par eux-mêmes, qui, après avoir eux-mêmes secoué le joug de la minorité, répandront autour d'eux le sens d'une appréciation raisonnable de sa propre valeur et de la vocation de chaque homme à penser par soi-même. Remarquons ici que le public, qui a été auparavant maintenu par eux sous ce joug, les force ensuite eux-mêmes à y rester, par une rébellion, quand il y est poussé par quelques-uns de ses tuteurs, eux-mêmes totalement incapables d'accéder aux Lumières ; tant il est dommageable d'inculquer des préjugés, parce qu'ils finissent par se venger contre ceux-là mêmes qui en ont été les auteurs ou contre leurs devanciers. C'est pourquoi un public ne peut parvenir que lentement aux Lumières. Une révolution peut bien entraîner la chute du despotisme personnel et de l'oppression née de la soif de richesses et de domination, mais jamais une vraie réforme du mode de penser ; au contraire, de nouveaux préjugés serviront, aussi bien que les anciens, de lisières[1] à la grande masse sans pensée.

[5] Or, pour propager les Lumières, il n'est rien requis d'autre que la *liberté* ; et, à vrai dire, ce qu'il y a de plus inoffensif sous ce nom, à savoir la liberté de faire un *usage public* de sa raison dans tous les domaines. Mais j'entends à présent crier de tous côtés : *Ne raisonnez pas !* L'officier dit : « Ne raisonnez

1. Les lisières sont des « bandes ou cordons attachés au vêtement d'un enfant pour le soutenir quand il commence à marcher » (dictionnaire Le Robert).

pas, faites les manœuvres ! » Le fonctionnaire des finances : « Ne raisonnez pas, payez ! » Le prêtre : « Ne raisonnez pas, croyez ! » (Il n'y a qu'un seul maître au monde qui dise : « *Raisonnez* autant que vous voudrez et sur tout ce que vous voudrez, *mais obéissez* ! ») Dans tous les cas, la liberté est limitée. Or, quelle limitation fait obstacle aux Lumières ? Laquelle n'est pas un obstacle mais peut-être même les favorise ? – Je réponds : il faut que l'*usage public* de la raison soit toujours libre et lui seul peut répandre les Lumières parmi les hommes ; mais l'*usage privé* de la raison peut dans bien des cas être très étroitement limité sans que cela fasse particulièrement obstacle aux Lumières. J'entends par faire un usage public de sa propre raison : faire usage de sa raison en tant que *savant* devant le public entier qu'est le *monde des lecteurs*. J'appelle usage privé l'usage qu'il est permis à un homme de faire de sa raison dans l'exercice de la *charge* ou de la fonction qui lui a été confiée comme citoyen. Or, pour beaucoup d'activités concourant à l'intérêt du corps commun[1], un certain mécanisme est nécessaire, qui impose à quelques-uns de ses membres un comportement purement passif, une unanimité artificielle produite par le gouvernement les dirigeant vers des fins publiques, ou du moins les empêchant de les détruire. Alors, il n'est certes pas permis de raisonner : il faut au contraire obéir. Mais, en tant que cette partie de la machine se considère en même temps comme membre d'un corps commun entier, et même de la société cosmopolitique[2], par conséquent en qualité de savant qui s'adresse par des écrits

1. Corps commun : l'État en tant qu'il est l'union des hommes.

2. Cosmopolitique : qui a trait à l'homme en tant que citoyen du monde. *Cf.* Glossaire p. 125.

à un public au sens propre, il lui est tout à fait possible de raisonner sans qu'en pâtissent les activités auxquelles, comme membre passif, il est attaché en partie. Ainsi, il serait très dangereux qu'un officier auquel son supérieur a donné un ordre veuille en service ratiociner à voix haute sur le caractère approprié ou sur l'utilité de cet ordre ; il faut qu'il obéisse. Mais on ne peut légitimement lui interdire de faire, comme savant, des remarques sur les fautes commises dans les opérations militaires et de les soumettre au jugement de son public. Le citoyen ne peut pas refuser de payer les impôts qui lui sont réclamés ; même une désapprobation impertinente à l'égard de ces impôts, s'il doit les acquitter, peut être punie comme un scandale (qui pourrait entraîner la désobéissance de tous). Malgré cela, le même homme n'agit pas contre son devoir de citoyen si, comme savant, il exprime publiquement ses pensées contre la maladresse ou même l'injustice de telles prescriptions. De même, un prêtre est obligé de s'adresser à ses élèves, pour le catéchisme, et à ses fidèles selon les symboles de l'Église dont il est le serviteur ; car il a été nommé à cette condition. Mais, comme savant, les ayant mûrement réfléchies et les ayant conduites selon une intention bonne, il a l'entière liberté, et c'est même là sa vocation, de communiquer au public toutes ses pensées sur ce qu'il y a d'incorrect dans tel symbole et de lui soumettre ses propositions pour un meilleur aménagement des choses de la religion et de l'Église. Il n'y a même là rien qui soit un poids sur sa conscience. Car ce qu'il enseigne du fait de ses fonctions, comme mandataire de l'Église, il le présente comme quelque chose qu'il n'a pas le libre pouvoir d'enseigner selon son opinion personnelle, mais qu'il s'est engagé à exposer selon la prescription et au nom d'un autre. Il dira : « Notre Église enseigne ceci ou cela ; ce sont les arguments dont elle se sert. » Il tirera ensuite, pour la formation morale de ses fidèles, tout le bénéfice moral de propositions auxquelles il ne souscrirait pas en toute conviction mais qu'il peut s'engager à rapporter, parce qu'il n'est pas complètement impossible qu'elles renferment une vérité cachée, et qu'en tout cas il ne s'y trouve rien de contraire à la religion intérieure. Car, s'il le croyait, il ne pourrait en conscience remplir sa fonction, il lui faudrait s'en démettre. Ainsi, l'usage qu'un homme fait de sa raison dans l'exercice de ses fonctions d'enseignement devant ses fidèles est seulement un *usage privé* ; parce que ce n'est jamais qu'une réunion domestique, quelle que soit son ampleur ; et, à cet égard, il n'est pas libre comme prêtre, et il n'y a pas lieu qu'il le soit parce qu'il remplit une charge étrangère. Au contraire, comme savant, s'adressant par des écrits au public proprement dit, c'est-à-dire au monde [entier], faisant par conséquent un *usage public de sa raison*, le prêtre jouit d'une liberté illimitée de se servir de sa propre raison et de parler en son nom propre. Que les tuteurs du peuple (en matière de religion) doivent être à leur tour mineurs, c'est en effet une aberration qui revient à perpétuer les aberrations.

[6] Mais une société de prêtres, comme un synode[1] ou une vénérable « classe » (c'est le nom qu'elle se donne à elle-même chez les Hollandais), ne devrait-elle pas être en droit de faire que ses membres se prêtent mutuellement serment de respecter immuablement un certain symbole, pour exercer ainsi sans interruption une tutelle supérieure sur chacun de

1. Synode : assemblée.

ses membres et, par ce biais, sur le peuple, allant ainsi jusqu'à éterniser cette tutelle ? Je dis : c'est tout à fait impossible. Un tel contrat, qui serait conclu pour éloigner pour toujours le genre humain de tout progrès des Lumières, est absolument nul et non avenu ; et cela quand bien même il serait entériné par le pouvoir suprême, par des Diètes[1] d'Empire et par les traités de paix les plus solennels. Une époque ne peut pas se liguer et jurer de mettre la suivante dans un état où il lui serait nécessairement impossible d'étendre ses connaissances (principalement celles qui sont du plus haut intérêt), de se débarrasser des erreurs et, d'une manière générale, de faire progresser les Lumières. Ce serait un crime contre la nature humaine, dont la destination originelle consiste justement dans ce progrès ; et les générations suivantes sont donc parfaitement en droit de rejeter de telles décisions comme ayant été prises de manière illégitime et sacrilège. La pierre de touche qui permet de déterminer ce qui peut être donné comme loi à un peuple est cette question : un peuple pourrait-il se donner à lui-même cette loi ? Or, il pourrait sans doute se donner celle dont nous parlons, par exemple en attendant une loi meilleure, pour une courte période, afin d'assurer un certain ordre ; en même temps on laisserait toujours à chaque citoyen, et principalement au prêtre, en qualité de savant, c'est-à-dire par ses écrits, la liberté de faire ses remarques sur les défauts de l'institution actuelle ; l'ordre établi demeurerait en place jusqu'à ce que l'intelligence de la nature de ces choses ait été menée publiquement assez loin et qu'elle ait été

1. **Diète** : assemblée délibérante qui prenait des décisions appelées *recez* dans le Saint-Empire romain germanique, fondé en 963 et dissous par suite des guerres napoléoniennes.

confirmée de telle sorte que les fidèles dont les voix se seraient accordées (quoiqu'il n'y ait pas unanimité) puissent porter devant le trône un projet pour obtenir qu'il protège ceux qui se seraient mis d'accord, selon ce qu'ils estiment être une meilleure intelligence des choses, pour modifier la constitution religieuse, sans pourtant empêcher ceux qui le voudraient de s'en tenir à la tradition. Mais s'entendre pour qu'une constitution religieuse demeure et que personne n'ait le droit de la mettre en doute, ne fût-ce que pendant la durée d'une vie d'homme, par là annuler, pour ainsi dire, une époque dans l'amélioration progressive de l'humanité et la rendre stérile, ce qui ne peut se faire qu'au détriment de la postérité, c'est absolument interdit. Dans ce qu'il lui incombe de savoir, un homme peut bien, pour lui-même, et encore seulement pour quelque temps, ajourner l'accession aux Lumières ; mais y renoncer pour lui-même, ou, pire, pour la postérité, cela s'appelle violer les droits sacrés de l'humanité et les fouler aux pieds. Or, ce qu'il n'est pas permis à un peuple de décider lui-même quant à son propre sort, il est d'autant moins permis à un monarque de le décider pour le peuple, car son autorité législative repose justement sur ce qu'il rassemble la volonté du peuple dans la sienne. Pourvu qu'il veille à ce que toute amélioration vraie ou prétendue s'accorde avec l'ordre civil, il peut pour le reste laisser ses sujets faire seuls et par eux-mêmes ce qu'ils trouvent nécessaire de faire pour le salut de leur âme ; cela ne le regarde pas, mais ce qui le regarde, c'est de veiller à ce que nul n'empêche quiconque par la force de travailler à son salut par la voie qu'il aura déterminée. Un monarque porte lui-même atteinte à sa majesté s'il s'en mêle en croyant devoir faire contrôler par son gouvernement les écrits par lesquels ses sujets cherchent à clarifier leurs pensées, que, pour cela, il fasse valoir la supériorité de ses propres vues, s'exposant alors au reproche *Cæsar non supra grammaticos*[1], ou même, pire encore, qu'il abaisse son pouvoir suprême jusqu'à soutenir dans son État le despotisme clérical de quelques tyrans contre le reste de ses sujets.

[7] Si donc on demande : vivons-nous maintenant dans une époque éclairée ? la réponse est : non ! mais bien dans une époque d'*accession aux Lumières*. Que, au point où en sont les choses, les hommes, considérés dans leur ensemble, soient déjà ou puissent seulement être mis en état, en matière de religion, de faire un usage sûr et bon de leur propre entendement sans la direction d'un autre, il s'en faut encore de beaucoup. Seulement, qu'aujourd'hui on leur laisse le champ libre pour y travailler, et que diminuent peu à peu les obstacles qui les empêchent d'accéder universellement aux Lumières, c'est-à-dire de sortir de la minorité où ils se trouvent par leur propre faute, nous en avons des indices certains. De ce point de vue, cette époque est l'époque de l'accession aux Lumières ou siècle de *Frédéric*[2].

[8] Un prince qui ne trouve pas indigne de lui de dire qu'il considère comme un devoir, en matière de religion, de ne rien prescrire aux hommes, qu'au contraire c'en est un de leur laisser dans ce domaine entière liberté ; un prince, donc, qui va jusqu'à décliner pour lui-même le nom hautain de *tolérance* est lui-même éclairé et mérite que ses contemporains et la postérité reconnaissants le célèbrent comme le premier à avoir sorti

1. ***Cæsar non supra grammaticos*** : l'empereur n'est pas au-dessus des grammairiens.
2. *Cf. infra*, repère 3, p. 24-25.

le genre humain de la minorité, du moins pour ce qui relève du gouvernement, et à avoir laissé chacun libre de se servir de sa propre raison dans tout ce qui est affaire de conscience. Sous son règne, il est permis à d'honorables prêtres, en qualité de savants, sans préjudice des devoirs de leur charge, d'exposer librement et publiquement au monde, pour examen, leurs jugements et leurs vues qui s'écartent ici ou là du symbole reçu ; ce que peut à plus forte raison toute autre personne que ne limitent pas les devoirs de sa charge. Cet esprit de liberté s'étend aussi au-dehors, même là où il y a des obstacles extérieurs du fait que le gouvernement se méprend sur son rôle. Car c'est bien pour ce gouvernement un exemple de ce que, en régime de liberté, il n'y a pas à avoir le moindre souci pour la tranquillité publique et l'unité du corps commun. Les hommes travaillent eux-mêmes à s'arracher peu à peu à leur grossièreté, pourvu qu'on ne s'évertue pas à les y maintenir.

[9] Traitant de l'accès aux Lumières, qui consiste pour l'homme à sortir de la minorité où il se trouve par sa propre faute, j'ai considéré comme essentielles les questions religieuses : c'est que, relativement aux arts et aux sciences, les gouvernants n'ont aucun intérêt à jouer les tuteurs avec leurs sujets et, en outre, la minorité en matière de religion est la plus nuisible mais aussi la plus déshonorante de toutes. Mais le mode de penser d'un chef d'État qui favorise les Lumières va plus loin encore, et il reconnaît que, même s'agissant de sa *législation*, il est sans danger de permettre à ses sujets de faire de leur propre raison un usage *public* et de proposer publiquement au monde leurs pensées sur une meilleure rédaction de ces lois, avec, s'il le faut, une franche critique de celles qui sont en

vigueur ; nous en avons un exemple illustre, et, en cela, aucun monarque n'a devancé celui que nous vénérons[1].

[10] Or, seul celui qui, parce qu'il est éclairé, n'a pas peur de l'ombre, mais qui dispose en même temps d'une armée nombreuse et bien disciplinée, pour garantir la tranquillité publique, peut dire ce qu'un État libre[2] ne peut oser dire : « Raisonnez tant que vous voulez, et sur tout ce que vous voulez, mais obéissez ! » Ainsi les affaires humaines prennent-elles ici un tour étrange et inattendu ; et même, si on considère leur cours dans ses grandes lignes, presque tout y est paradoxal. Un degré supérieur de liberté civile semble avantageux à la liberté d'*esprit* du peuple et lui impose pourtant des limites infranchissables ; un degré moindre lui donne au contraire la place pour s'étendre de tout son pouvoir. Quand, en effet, la nature a fait éclore sous cette dure enveloppe le germe dont elle prend soin avec toute sa tendresse, à savoir le penchant et la vocation à la *pensée libre*, ce penchant et cette vocation réagissent peu à peu sur la disposition d'esprit du peuple (et par là ce peuple devient peu à peu plus apte à *agir librement*), et ils finissent même par réagir sur les principes du gouvernement, lequel trouve profitable pour lui-même de traiter l'homme, qui est dès lors *plus qu'une machine*, conformément à sa dignité*.

Königsberg, en Prusse,
le 30 septembre 1784. E. Kant.

1. Il s'agit de Frédéric II. *Cf. infra*, repère 3, p. 24.

2. État libre ou *Freistaat. Cf. infra*, fiche 5, note 1, p. 71.

* Dans les *Nouvelles hebdomadaires de Büsching* du 13 septembre, je lis, aujourd'hui 30, l'annonce du *Mensuel berlinois* de septembre, qui publie la réponse de M. Mendelssohn à la même question. Je ne l'ai pas encore eue entre les mains ; sinon, j'aurais réservé la présente réponse, que je ne saurais proposer maintenant que pour voir jusqu'où le hasard peut réaliser l'accord des pensées.

L’analyse critique

20 REPÈRES CLÉS

28 FICHES DE LECTURE

Frise chronologique

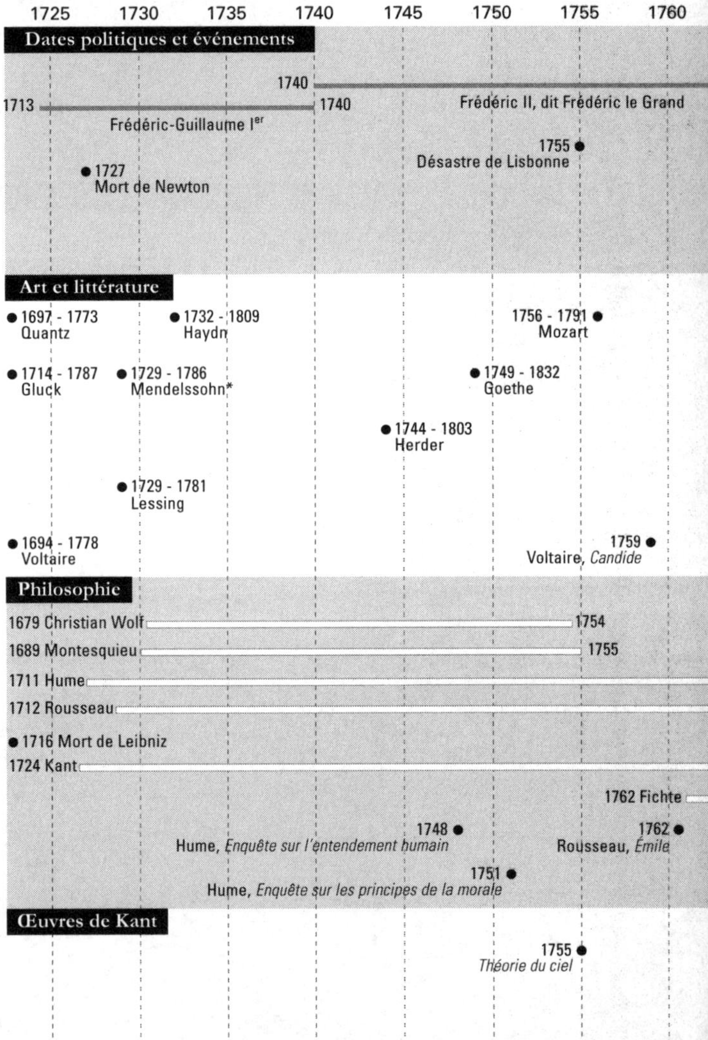

*Moses, grand-père du musicien, qui répondit en même temps que Kant à la question *Qu'est-ce que les Lumi*

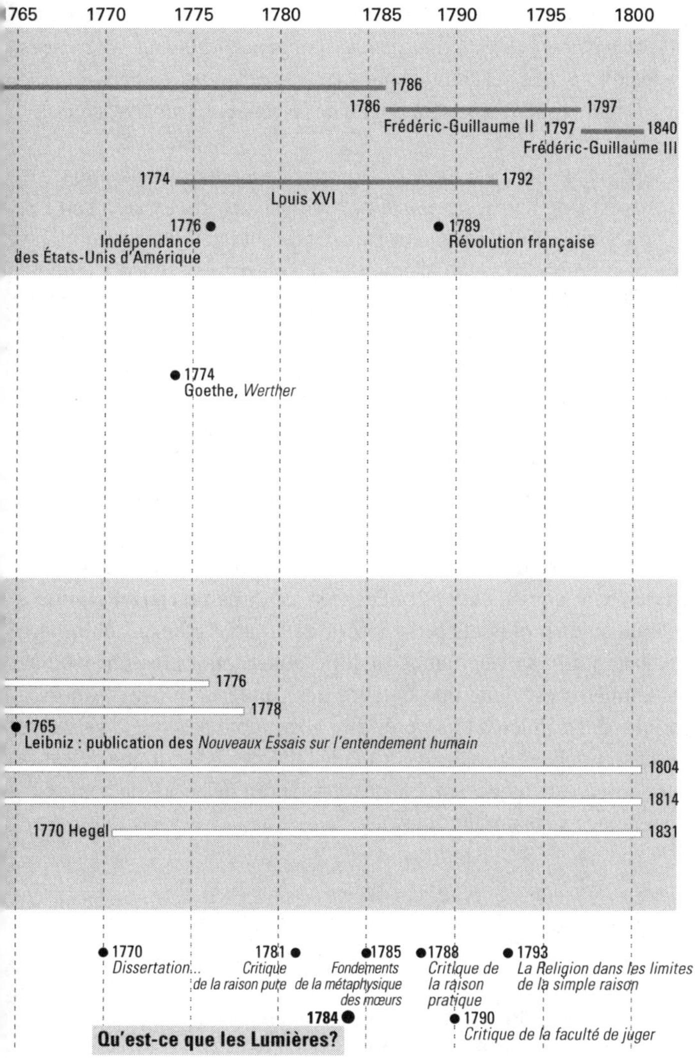
1765 1770 1775 1780 1785 1790 1795 1800
1786
1786 1797
Frédéric-Guillaume II
1797 1840
Frédéric-Guillaume III
1774 1792
Louis XVI
1776
Indépendance des États-Unis d'Amérique
1789
Révolution française
1774
Goethe, *Werther*
1776
1778
1765
Leibniz : publication des *Nouveaux Essais sur l'entendement humain*
1804
1814
1770 Hegel 1831
1770
Dissertation...
1781
Critique de la raison pure
1785
Fondements de la métaphysique des mœurs
1788
Critique de la raison pratique
1793
La Religion dans les limites de la simple raison
1784
Qu'est-ce que les Lumières?
1790
Critique de la faculté de juger

Repères biographiques

La vie de Kant est simplement la vie d'un professeur de philosophie chargé d'un nombre considérable d'heures de cours et scandée par la publication de ses œuvres (cf. Frise chronologique, p. 20-21). Elle ne connut donc guère d'autres événements *que son travail et les démêlés avec la censure à propos de ses réflexions sur la religion.*

• Emmanuel Kant (1724-1804) est né sous le règne de Frédéric-Guillaume Ier, le Roi-Sergent, fondateur de l'armée prussienne, auquel succéda en 1740 son fils, Frédéric II le Grand (1712-1786). Les années 1740-1770 sont l'apogée des Lumières en Prusse (à ne pas confondre avec l'Allemagne, qui n'existe pas encore comme telle et est composée de multiples États). En 1784, lorsque paraît l'opuscule de Kant, le règne de Frédéric II s'achève et les Lumières sont attaquées de toutes parts. Le successeur de Frédéric, son neveu Frédéric-Guillaume II, et son ministre Wöllner feront tout pour les détruire, menant une politique d'intolérance à l'égard de la presse et, plus généralement, de la vie intellectuelle et religieuse, ce qui vaudra à Kant de graves difficultés avec la censure, principalement pour la publication de sa philosophie de la religion. À la mort de Frédéric-Guillaume II, en 1797, Kant reprendra sa liberté d'écrire.

• Kant ne devient célèbre dans le monde entier qu'après la publication de la *Critique de la raison pure*, en 1781 – et surtout de sa seconde édition en 1787. Jusqu'à cette date, il n'était qu'un professeur fort apprécié dans l'université de Königsberg (aujourd'hui Kaliningrad), sa ville natale qu'il ne quitta jamais. La philosophie kantienne des Lumières est donc une défense des Lumières qui vient après la période historique des Lumières et se présente elle-même comme la vérité de cette époque : l'essentiel des Lumières, c'est l'idée même de la critique[1], c'est-à-dire de la liberté absolue du jugement, par quoi nous nous délivrons de nos préjugés, de nos superstitions, de nos illusions[2].

1. **Critique** : *cf. infra*, fiche 2, « Penser par soi-même, sans préjugé », p. 29-52.
2. Préface de la première édition, citée *infra*, fiche 4, « L'argumentation de l'opuscule », p. 69.

Dates clés

■ **1724** : Naissance à Königsberg, en Prusse, aujourd'hui Kaliningrad en Russie. (Trop de biographies notant que sa mère était piétiste – ce qui est vrai – laissent entendre que ce piétisme se retrouve dans sa philosophie mais oublient de dire que sa philosophie contient une critique sévère de cette forme ascétique et moralisante du protestantisme.)

■ **1746-1755** : La mort de son père force Kant à quitter l'université et à gagner sa vie comme précepteur dans les familles bourgeoises et aristocratiques. De là, un goût pour le raffinement et la conversation qui lui restera toute sa vie.

■ **1755** : Début de son enseignement à l'université de Königsberg, qu'il ne quittera plus.

■ **1762** : Parution de l'*Émile* de Rousseau, dont la lecture marque, selon Kant lui-même, une étape essentielle dans le développement de sa pensée.

■ **1781** : *Critique de la raison pure*. C'est par cette œuvre que Kant devient célèbre (surtout avec la seconde édition de 1787) et marque l'histoire de la philosophie. C'est elle, par exemple, qui apprit aux physiciens qu'ils n'avaient pas besoin d'une métaphysique pour fonder leur science.

■ **1785** : *Fondements de la métaphysique des mœurs*.

■ **1788** : *Critique de la raison pratique*.

■ **1791** : *Critique de la faculté de juger*.

■ **1793** : *La Religion dans les limites de la simple raison*.

■ **1796** : Dernier cours de Kant, en juillet.

■ **1797-1798** : *Métaphysique des mœurs*.

■ **1804** : Mort de Kant, le 12 février.

Contexte politique et littéraire

L'opuscule sur les Lumières s'inscrit dans un combat pour la liberté de penser qui caractérise tout le XVIII*e siècle.*

LE DESPOTISME ÉCLAIRÉ

1 • Frédéric II, « prince éclairé »

• Les Lumières, qui nous ont appris à nous délivrer des mythes et des idéologies[1], ont fini, chez les historiens qu'elles ont enfantés, par passer à leur tour pour un mythe ou une idéologie. Ces historiens, soucieux de ne pas trop grandir certains hommes, ou mus par une étrange peur de l'admiration – autrefois, au contraire, l'Histoire était d'abord histoire des grands hommes –, soutiennent que Frédéric II, particulièrement habile en propagande, a su faire passer son règne pour l'époque des Lumières : il a ainsi fait séjourner Voltaire à sa cour.

• Il est vrai, en effet, qu'il a été plus puissant dans son royaume que Louis XIV dans le sien, rien ne limitant son pouvoir absolu, pas même les privilèges d'une noblesse comme en France. Il est donc le type même du souverain absolu : les États provinciaux de Prusse n'ont aucun pouvoir, le clergé est soumis au roi, la noblesse enrégimentée dans l'armée, et les ministres sont de simples exécutants. Mais il est vrai aussi qu'il se fit, par l'intermédiaire du ministre von Zedlitz (à qui est dédiée la *Critique de la raison pure*), le protecteur de pasteurs éclairés qui avaient été inquiétés pour avoir publié des livres jugés contraires aux directives officielles. Et, sans doute pour accroître son royaume, il fit de la Prusse un État moderne, rationalisant l'État, en fonction d'une certaine idée de l'intérêt général référée explicitement à celle de contrat social et non plus de droit divin. Le roi proclame qu'il veut servir l'État. Le sens de la fonction publique est incontestable dans la Prusse de ce temps-là.

• Frédéric II sut garantir la liberté de conscience et alla même – ce que d'Alembert réprouva – jusqu'à faire venir des jésuites français pour assurer l'enseignement des catholiques en Silésie, qu'il venait de conquérir. On voit que sa politique religieuse s'accordait avec son ambition. « Chez moi on fait son salut comme on l'entend. » Son but était d'unir les hommes de tous les partis en les faisant tous

1. Nous entendons par « idéologie » une pensée qui prétend à la vérité mais qui n'est en réalité que l'expression d'intérêts politiques ou économiques.

concitoyens. Il veilla, en restant soigneusement « entre Rome et Genève », à ce que les divergences toujours renaissantes des sectes religieuses n'allument pas une guerre civile. Jean-Jacques Chevallier remarque : « De nos jours, on contesterait trop volontiers l'esprit réformateur selon les Lumières en même temps que la sincérité du philosophisme (qualifié par R. Naves d'"impénitent") de ce terrible et complexe Frédéric de Prusse. Despote éclairé, certes, si l'expression a un sens ! Éclairé, mais despote... »

2 • Les Lumières au service du despotisme du roi

- On peut donc dire que le despotisme du roi avait besoin des Lumières comme instrument de propagande et comme moyen de gouvernement. C'était une façon de s'assurer l'alliance des meilleurs esprits de toute l'Europe que de leur donner la liberté de publier et de leur dire « Raisonnez tant que vous voudrez, mais obéissez ! », pendant qu'ailleurs ils devaient tout autant obéir, mais sans pouvoir raisonner. Ainsi, quels que soient les mobiles du roi, dont le principal est sans doute de faire de la Prusse une grande puissance européenne, il promeut les Lumières dans son royaume. Les universités sont florissantes : on publie des revues et des magazines, et la *Berlinische Monatschrift* (*Le Mensuel berlinois*) pose la question : « Qu'est-ce que les Lumières ? » dans son numéro de décembre 1783. On participe à des cercles de lecture. Au moment de la réaction des années 1790, les autorités se plaignent de la rage de lecture qui sévit partout et ne parviennent pas à remettre au pas l'université de Halle. Frédéric II lui-même, à quinze ans, en désaccord avec son père, possède une bibliothèque de 3 000 volumes (il parle français : sa gouvernante, Mme de Rocoules, et son précepteur, Duham de Jandun, sont des protestants émigrés après la révocation de l'édit de Nantes) et joue fort bien de la flûte. On dit qu'il interrompit un Conseil des ministres pour aller saluer Jean-Sébastien Bach qui, âgé, rendait visite à son fils, Carl Philipp Emanuel, musicien officiel à Berlin.

- Kant savait donc de qui il parlait, et il était en outre le premier à comprendre que les visées impérialistes des princes sont une catastrophe pour l'humanité. Les douze années de guerre du règne de Frédéric ne font pas l'objet de ses éloges, et ses réflexions sur la paix et la folie des princes qui veulent toujours la guerre visent aussi bien le grand roi, quoiqu'elles ne le nomment pas. Il est en outre permis de dire que l'éloge de Frédéric fait par Kant dans *Qu'est-ce que les Lumières ?* datant de 1784, il était clair pour tout le monde que, le grand roi ayant soixante-douze ans, c'était la fin d'un règne, et l'on craignait la réaction des milieux orthodoxes, d'autant que l'héritier du trône n'était pas un esprit éclairé et libre, mais un homme faible et superstitieux.

LA VÉRITÉ D'UN SIÈCLE

• S'il est vrai que *Qu'est-ce que les Lumières* s'inscrit dans une polémique et que, par conséquent, le philosophe prend part aux combats de son temps, la signification des propos de Kant n'est pas relative seulement aux circonstances des années 1780. Il ne définit pas les Lumières et l'humanité de l'homme par rapport à son siècle, que nous appelons encore siècle des Lumières. Mais il définit l'humanité par le progrès des Lumières et les Lumières par la liberté du jugement et la raison, et montre quel est le rôle de son siècle dans ce processus, quelle étape il a parcourue dans l'histoire universelle : celle précisément où l'humanité peut, non seulement en quelques grands esprits, mais en des peuples, prendre conscience de sa vocation. Ainsi, la Révolution française, par l'enthousiasme qu'elle suscitera dans toute l'Europe, apparaîtra à Kant comme la vérité des Lumières et de sa propre philosophie[1].

• **Ce serait faire un contresens** sur l'intention même du texte de Kant que de subordonner la définition des Lumières à la définition du siècle, c'est-à-dire **de réduire la philosophie kantienne à n'être qu'une pensée du XVIIIe siècle**, qui ne pourrait donc plus être la nôtre, quand, au contraire, Kant considère sous quel aspect son siècle concourt aux progrès de l'humanité en le référant à une exigence universelle[2].

LA LITTÉRATURE DU SIÈCLE

Le lecteur de Kant doit connaître la littérature du XVIIIe siècle, s'en pénétrer et en comprendre l'esprit, car Kant est de son siècle dans ce qu'il a de plus grand. Proudhon écrivait en 1849 : « Ce qui manque à notre génération, ce n'est ni un Mirabeau, ni un Robespierre, ni un Bonaparte : c'est un Voltaire. » Ce qui manque au siècle suivant, c'est toujours l'ironie, « ironie, vraie liberté », que ne rendent guère les traducteurs de Kant, admirateur de Voltaire. Il faut lire Voltaire et

---

1. Tel est l'objet de la seconde partie du *Conflit des facultés*.
2. *Cf.* dans la Bibliographie, p. 127, les ouvrages de Brunschwig et de Cassirer.

Candide, où il est question des armées prussiennes ; Swift (1667-1745), et la fin de son *Gulliver* sur l'état politique et social de la Grande-Bretagne ; Sterne (1713-1768) autant que Hume ou Montesquieu, Rousseau, Diderot, etc. Aucun talent ne dispense de culture.

1 • Le *Sturm und Drung*

• Dans les années 1770 se développe en Allemagne un puissant mouvement littéraire, le ***Sturm und Drang*** (« Tempête et Passion »), qui contient une tendance **antirationaliste** ou même **irrationaliste**. Il met l'accent, chez un Johann Georg Hamann (1730-1788) par exemple, sur les forces obscures, instincts ou passions, opposant aussi bien la foi à la religion naturelle ou rationnelle de certains *Aufklärer* que le génie à l'art français, qu'on dit prisonnier de règles[1].

• Il ne s'agit plus seulement, comme avec Lessing, de montrer la grandeur de Shakespeare et de donner aux Allemands une littérature. Herder[2] invente pour ainsi dire le folklore et l'esprit du peuple : ainsi paraît l'**idée d'un art national**, opposé à l'universalité abstraite des Français. Herder redécouvre l'art gothique : sa rencontre avec Goethe à Strasbourg en 1769 et leur admiration pour la cathédrale est l'acte de naissance du *Sturm und Drang*, dont Goethe s'éloigne lorsqu'il s'installe en 1775 à Weimar.

2 • Romantisme et anti-Lumières

• Ce mouvement a libéré la littérature allemande de la tutelle de la littérature et de la langue françaises : Goethe est devenu dans sa propre langue, et donc toujours en tant qu'Allemand, un auteur universel. Mais, dans son fond, un tel mouvement, dont le **romantisme**, avec sa sauvage et riche beauté, est le développement, n'ouvrait-il pas la porte aux nationalismes et aux particularismes qui devaient au XIXe siècle déferler sur l'Europe et qui n'ont toujours pas fini aujourd'hui de refuser les Lumières ? Le combat de Kant est d'abord un **refus de toutes les formes d'irrationalisme**.

1. En Allemagne, on a aussi appelé cette époque « le temps des génies ».
2. **Herder** (1704-1803) : écrivain et philosophe allemand, élève de Kant de 1762 à 1764.

L'architecture de l'œuvre

Sont mises en évidence *ici les principales articulations de* Qu'est-ce que les Lumières ?

ALINÉAS 1 À 3

La paresse des hommes et l'ambition de ceux d'entre eux qui se posent en tuteurs font qu'ils ne pensent pas par eux-mêmes et ne sortent pas de leur minorité. Il est presque impossible à chacun de devenir majeur ou éclairé dans ces conditions.

ALINÉAS 4 ET 5

L'accès aux Lumières est possible pour le « public », pourvu que la loi garantisse la liberté d'expression. Sens et limite de cette liberté fondamentale.

ALINÉA 6

Exemple essentiel de la liberté en matière de religion.

ALINÉAS 7 À 9

Le siècle de Frédéric, siècle des Lumières ou plutôt siècle en route vers les Lumières.

ALINÉA 10

Les progrès de l'esprit de liberté font qu'un peuple respecte davantage les lois.

Penser par soi-même, sans préjugé

Après ces quelques remarques historiques et avant de suivre l'ouvrage de Kant et de traiter plus directement le problème qu'il pose en 1784, nous nous demanderons ce que c'est que penser par soi-même. Nous ne proposerons pas ici un commentaire du texte ni un exposé de la philosophie kantienne, mais une libre réflexion. Nous nous risquons en effet à parler en d'autres termes que Kant pour aider à comprendre ce qu'il veut dire – le paraphraser ou l'imiter ne servirait à rien ; et nous n'invitons ainsi à le lire et le comprendre que pour donner au lecteur l'occasion et l'élan d'une réflexion libre, non pour qu'il ressasse une fois de plus les pensées d'un autre qui, pour être celles d'un grand homme, ne seraient pas les siennes, c'est-à-dire ne seraient pas des pensées.

QU'EST-CE QUE PENSER PAR SOI-MÊME ?

Les Lumières, le texte l'admet dans sa réponse à la question de savoir ce qu'est le progrès des Lumières, c'est la majorité : un homme éclairé est un homme majeur, un adulte. L'âge non pas du progrès vers les Lumières mais des Lumières, c'est l'âge de la pensée libre, où l'homme pense par lui-même.

1 • La difficulté de penser par soi-même

- Pour savoir ce que Kant veut dire, il faut comprendre que penser par soi-même ne va pas de soi et présente une difficulté essentielle. En effet, nous nous imaginons généralement que nos pensées sont nécessairement les nôtres et que nos croyances nous appartiennent en propre. Et il est vrai que, si nous ne l'imaginions pas, elles cesseraient d'être nos croyances. Chacun tient à ce qu'il appelle « ses opinions personnelles ». Chacun se croit ! Comprendre ce que sont les Lumières suppose donc que nous prenions conscience que nous ne pensons pas par nous-mêmes et que nous n'y parviendrons que par un long apprentissage ; et comprendre cela suppose que nous osions d'abord mettre en question nos propres croyances et même notre façon d'être vis-à-vis de nos croyances, c'est-à-dire notre attitude intérieure à l'égard de nous-mêmes.

- Mais comment admettrons-nous que la plupart de nos pensées, celles-là mêmes que nous disons « personnelles », ne sont pas vraiment nos pensées ? Qu'elles sont en nous des préjugés, c'est-à-dire des croyances dont nous ne sommes pas les maîtres et qui proviennent de notre histoire ou de notre tempérament ? Qu'elles viennent de causes extérieures et non de notre propre jugement? Nous leur avons donné notre assentiment, nous y avons acquiescé, nous leur avons dit « oui » – c'est cela, croire –, mais nous avons dit « oui » avant d'en avoir vraiment jugé, de telle sorte qu'elles sont en nous sans pourtant avoir été réellement pensées par nous.

• C'est là une idée fort difficile à comprendre ; et la comprendre, c'est ouvrir la porte de la philosophie. Nous prendrons donc le temps de nous expliquer sur ce point.

2 • La critique de soi-même

• La difficulté vient ici de ce que les hommes que nous sommes tiennent à leurs pensées et adhèrent naturellement à leurs croyances. Chacun a son avis sur beaucoup de questions et aime faire valoir son opinion personnelle. Il est dur de se demander si toutes ces pensées sont réellement personnelles, parce que le seul fait de poser la question signifie déjà – et cela, chacun le comprend immédiatement – qu'il faudra peut-être se séparer de ce qui nous est le plus cher : le seul fait de se poser la question suppose que nous admettions que ce que nous croyons peut être remis en cause.

• Or, sommes-nous prêts à admettre que nos pensées – nos croyances, nos opinions personnelles – je ne dis pas : sont, mais seulement peuvent n'être qu'un vêtement emprunté ? Car prendre pour nôtres des pensées que nous n'avons pas réellement pensées, c'est nous tromper sur nous-mêmes. Nous refusons d'imaginer que nos pensées pourraient n'être que des croyances étrangères car elles nous collent pour ainsi dire à la peau, et nous croyons qu'elles nous appartiennent en propre. Qu'un Socrate nous les arrache ou, seulement, nous fasse envisager que nous pourrions les ôter, et nous crions de douleur et de fureur. Il nous est difficile de séparer de nous-mêmes ce que nous croyons être une part de nous-mêmes.

3 • Que sont nos opinions « personnelles » ?

• Pourtant, même si nous admettons que nous sommes sincères quand nous prétendons avoir des opinions personnelles, qu'est-ce que des opinions personnelles ? Ce sont des pensées auxquelles nous tenons ; ce sont des croyances qui constituent notre pensée ou même notre être : mais que nous croyions tout ce que nous croyons, que nous en soyons persuadés, cela signifie-t-il que nous sommes vraiment capables d'en rendre raison et de dire sur quoi se fonde notre confiance ? Que chacun s'interroge réellement lui-même et se demande si ses opinions personnelles et tout ce qu'il croit savoir viennent de ce qu'il a réellement examiné les questions sur lesquelles il se prononce – auquel cas ces pensées sont vraiment les siennes, elles sont réellement personnelles.

• Sinon, s'il croit sans avoir réellement examiné l'objet de ses croyances, il faut admettre qu'elles ont pris place en lui sans qu'il les ait soumises à son jugement ; elles peuvent être celles de sa famille, de ses maîtres, de ses lectures, de son journal ou de ses émissions de télévision, il peut les avoir adoptées par opposition à sa famille ou à tel ou tel milieu social contre lequel il se révolte ; elles peuvent encore provenir simplement de son tempérament ou de ses intérêts du moment. Qui ne s'est pas aperçu un jour qu'en réalité il avait cru, dans une situation donnée, ce qui, comme on dit, l'arrangeait ? Ce que croyaient ceux qu'il aimait ? Ce qui était dans l'air du temps ?

• Ainsi, il faut que nous examinions nos opinions et que nous nous demandions lesquelles proviennent effectivement d'un examen complet et solide de leur objet. Il est assez aisé de répondre à cette question, une fois qu'on a bien voulu se la poser – et c'est s'interroger vraiment qui est difficile. Les hommes que nous sommes ont réponse à tout, ils exigent d'être consultés sur tout, mais n'oublient-ils pas généralement que, pour savoir, il faut apprendre et qu'avoir des opinions n'est pas savoir ? La plupart de nos pensées sont des pensées toutes faites, « pensées que personne n'a faites », disait Valéry, pensées qui sont en nous et que nous croyons nôtres, alors que nous ne les avons pas réellement formées par un libre et complet examen de leur vérité. Rien n'est plus proche d'un poncif que la chère opinion personnelle, rien n'est moins libre. Nos croyances les plus fortes sont généralement des clichés ou, tout simplement, l'écho de notre époque. Nous prenons pour nôtre ce qui n'est que du prêt-à-penser. Au lieu d'être juges de ce que nous pensons, nous collons pour ainsi dire à nos opinions : « Un homme vraiment libre, disait Valéry, ne tient guère à ses opinions. »

L'EXEMPLE DE SOCRATE

1 • « Connais-toi toi-même ! »

• Le lecteur comprend mieux maintenant la difficulté de l'idée de penser par soi-même. Elle ne tient pas à sa complexité (comme c'est le cas au contraire des propositions des mathématiques supérieures ou spéciales), mais à ce que nous avons ici à nous interroger sur nous-mêmes, sur ce qui nous concerne directement.

• Les vérités mathématiques, en effet, nous importent fort peu, et il nous est tout à fait facile de pratiquer les sciences mathématiques en général sans aucun engagement de notre part, sans aucune réflexion qui risquerait d'entraîner un changement dans notre mode de penser et, par conséquent, dans notre manière de conduire notre existence. Il ne s'agit dans ce genre de pratique des sciences que d'être habile.

• Au contraire les Lumières (penser par soi-même) ne requièrent pas l'habileté ni même d'abord un changement d'opinion sur tel ou tel point, mais elles exigent de nous que nous changions notre mode de penser[1] plus que nos pensées. Devenir éclairé, c'est obéir à l'impératif socratique : « Connais-toi toi-même ! » Nous apprenons ainsi à distinguer en nous-mêmes ce que nous comprenons réellement de ce qui n'est qu'apparence de savoir ; et prendre conscience que la plupart de nos opinions ne sont qu'un semblant de compréhension, et que ces fantômes, ces apparences président à notre propre existence, c'est découvrir qu'il va falloir changer, non pas simplement d'avis sur telle ou telle question (rien ne serait plus aisé), mais de mode de vie, de façon d'être. La décision de refuser ce qui n'est qu'opinion ou préjugé pour ne vivre que selon ce que l'on comprend réellement demande du courage – le seul vrai courage : l'intelligence véritable implique une conversion de nous-mêmes.

• Ainsi, l'enquête menée toute sa vie par Socrate auprès de ses concitoyens lui a permis de comprendre qu'il était le plus sage des hommes, parce que lui seul savait qu'il ne savait pas, quand tous au contraire s'imaginaient savoir sans pourtant savoir[2]. Et, pour finir, furieux de se voir sans cesse harcelés par lui « comme un cheval grand et de bonne race, mais un peu mou en raison même de sa taille » est excité par un taon[3], les Athéniens firent comme on fait lorsqu'on est dérangé par un insecte dans son sommeil : d'une tape on l'écrase ; c'est ainsi que Socrate fut condamné à mort pour avoir voulu éveiller ses contemporains à la pensée.

• Il est aisé d'apporter à quelqu'un une information et d'obtenir de lui de la reconnaissance. L'interroger socratiquement ou lui proposer seulement d'examiner

1. *Denkungsart*, ou « mode de penser », est un terme qui revient souvent sous la plume de Kant.

2. C'est ce que raconte l'*Apologie de Socrate* de Platon, un des deux ou trois livres qui peuvent servir d'introduction à la philosophie.

3. Platon, *Apologie de Socrate*, 30 e.

ses pensées pour qu'il s'interroge lui-même sur les raisons qu'il a de les considérer comme vraies, c'est le forcer à envisager qu'il ait à se transformer lui-même intérieurement, de telle sorte que toute son existence d'homme s'en trouve changée ; aussi risque-t-il de le prendre assez mal.

2 • La conversion socratique, conversion et non révolution

L'impératif socratique exige une conversion intérieure qui soit plus qu'une révolution politique. C'est en ce sens que Kant remarque qu'une révolution peut bien renverser le despotisme sans empêcher que de nouveaux préjugés reprennent aussitôt le dessus[1]. Si certains professionnels de l'intelligence – aujourd'hui démodés, il est vrai – n'ont cessé de proclamer qu'il n'y avait de salut pour l'homme que par une révolution politique, n'est-ce pas parce qu'ils n'avaient pas tenté la conversion socratique ? Qu'est-ce qui est le plus difficile et le plus urgent : transformer l'ordre extérieur ou parvenir à se transformer soi-même pour devenir un homme libre au sens fort de ce terme, c'est-à-dire un homme dont les pensées et les décisions ne découlent ni de ses préjugés ni de ses passions ou de ses intérêts ? Il est si aisé d'attendre sa liberté des événements...

« LA TERRE SE MEUT AUTOUR DU SOLEIL » : PRÉJUGÉ ?

1 • Une croyance vraie peut n'être qu'un préjugé

- Il faut ici, pour prendre la mesure de l'enjeu, considérer qu'il peut y avoir une opinion vraie ou un préjugé vrai qui n'est ni science ni intelligence : nous pouvons avoir une croyance vraie qui pourtant ne repose en nous sur aucune compréhension de ce qui en fait la vérité.

- Ainsi, la plupart d'entre nous prétendent savoir que la Terre tourne autour du Soleil, au point même de s'imaginer posséder ainsi une vérité scientifique. Qui, pourtant, est capable d'en rendre raison ? C'est dire que la plupart y croient parce qu'on leur a dit que c'était vrai, non parce qu'ils ont compris en quoi c'était vrai et en quel sens. Bref, ils croient que la Terre tourne autour du Soleil comme les petits enfants croient au père Noël, faisant confiance à ceux qui le leur ont dit. On comprend ainsi que la même proposition : « La Terre tourne autour du Soleil » est, dans

1. *Cf. supra*, la fin du § 4 du texte de Kant, p. 9.

un cas, une simple croyance et, dans l'autre, une proposition scientifique : elle n'est pas du tout la même selon qu'elle est simplement crue par un homme prisonnier de ses préjugés ou selon qu'elle est comprise par un esprit réellement éclairé ; et la différence qu'il y a entre les deux, c'est-à-dire entre un préjugé et une connaissance effective, tient à la disposition d'esprit de celui qui, dans un cas, admet sans comprendre et, dans l'autre, comprend. La différence n'est pas d'abord dans ce qui est admis, mais dans la manière de l'admettre ; elle n'est pas dans ce qui est cru, mais dans la façon de le croire : elle est intérieure à la pensée et consiste dans le mode de pensée.

- Précisons, au risque de déplaire : celui qui croit son professeur de mathématiques ou de physique parce qu'il lui fait confiance est un imbécile, celui qui le croit parce qu'il a compris les mathématiques ou la physique est intelligent. Celui qui s'imagine avoir en sa possession des vérités scientifiques, alors qu'il n'en connaît pas les démonstrations, qu'il ignore le chemin qui y conduit, les raisons qui font qu'on peut les affirmer, celui-là est pire qu'un ignorant car il croit savoir quand, en réalité, il ne fait que croire ; il est dans la superstition.

2 • Changer de façon de penser

- Retenons qu'accéder aux Lumières n'est pas tant remplacer des opinions par d'autres, des fausses par des vraies, que changer de façon de penser, se transformer soi-même intérieurement, de telle sorte qu'au lieu de préjuger on juge effectivement. Car c'est préjuger que croire une vérité par confiance en tel ou tel homme au lieu de chercher soi-même à la comprendre.

- La différence qu'il y a entre la pensée éclairée et la pensée qui préjuge est dans l'attitude du penseur à l'égard de ses propres pensées ; et, en ce sens, elle est plus grande encore que la différence du vrai et du faux (entendue comme différence entre deux propositions, l'une fausse : le Soleil tourne autour de la Terre, l'autre vraie : la Terre tourne autour du Soleil).

3 • Le savoir philosophique

- Celui qui dit savoir une vérité scientifique dont il est incapable de rendre raison ne se comprend pas lui-même ; il n'a pas conscience de l'insuffisance radicale de son propre savoir ; il ne sait pas mais croit savoir, ce qui est pire qu'ignorer. L'ignorance consciente d'elle-même n'est pas une faute ; être ignorant sans le savoir – ignare – est une faute, source de tous les maux. Celui qui sait vraiment ou qui, comme Socrate, sait qu'il ne sait pas, celui-là se connaît lui-même, et sa science est aussi sagesse.

• Cette simple idée permet peut-être de comprendre toute la philosophie qui, en effet, ne se contente pas d'un savoir sur les choses mais est toujours en même temps un savoir du savoir ou du sujet du savoir, un savoir où celui qui sait se prend lui-même toujours en compte dans ce qu'il sait. En d'autres termes, c'est un savoir qui n'est jamais seulement objectif mais toujours en même temps réflexif. Aussi, les Lumières appartiennent-elles fondamentalement à la philosophie.

4 • Le faux enseignement scientifique

• Vouloir imposer dans l'enseignement les résultats de la science sans donner les démonstrations, c'est renoncer à l'idée même d'un enseignement scientifique. Ce faux enseignement scientifique, même s'il se trouve qu'il énonce parfois des vérités, demande qu'on croie sans savoir. Par conséquent, il contribue à enraciner en chacun l'habitude de préjuger, ou de dire « oui » sans comprendre pourquoi, de croire sans savoir. C'est cultiver la servitude : car un homme qui se range sans cesse à l'opinion des autres sans jamais pouvoir lui-même juger est un esclave. Une école qui propose les résultats de la science sans la démarche qui les rend intelligibles prépare le despotisme ; elle sape les fondements de la République, car la République suppose des citoyens, c'est-à-dire des hommes capables de décider de leur sort, et donc libres, majeurs, adultes, sans préjugés.

• Notre temps est-il celui des Lumières et de la liberté d'esprit ? Il y a en tout cas une façon de faire des sciences qui est le contraire des Lumières, parce qu'elle enferme les hommes dans l'habitude de croire sans comprendre et de se fier aux jugements d'autrui sans jamais user de leur propre entendement. Au contraire, le seul intérêt d'une véritable instruction mathématique serait d'apprendre à user de son propre entendement. Et tel est le « vrai usage[1] » des mathématiques selon Descartes, dont l'exigence de liberté et de raison est cela même que Kant développe sous le nom de « Lumières ».

---

1. Descartes, *Discours de la méthode*, première partie.

NE PAS TOUT SAVOIR, MAIS BIEN SAVOIR

1 • Objection : on ne peut tout savoir

• Il faut répondre à une objection qui ne manquera pas d'être faite par beaucoup, sinon par la plupart : tout ce qui vient d'être dit ne revient-il pas à imposer à chacun un programme impossible, parce que, enfin, si l'on veut tout démontrer, tout comprendre, il faut être mathématicien, physicien, chimiste, etc., et que personne n'est capable d'apprendre toutes les sciences ? Il faut donc faire confiance à ceux qui les pratiquent et se contenter des résultats.

• Cette objection est vide. Les Lumières ne sont pas l'accumulation des connaissances, et l'on sait que souvent « un homme extrêmement riche de connaissances » est « le moins éclairé lorsqu'il s'agit d'en user[1] ». La maxime des Lumières : « Ose penser par toi-même ! » n'invite pas à tout apprendre, mais c'est « un principe négatif de l'usage de la faculté de connaître[2] », qui consiste dans l'interdiction que l'homme libre se fait à lui-même de laisser sa raison passive. Un tel homme saura, comme on dit, beaucoup de choses dont il aura seulement entendu parler ; mais il saura aussi – et c'est là le vrai savoir – que ce ne sont que des connaissances par ouï-dire, utiles, mais non de véritables connaissances scientifiques, puisqu'il ne peut en rendre lui-même raison.

• Remarquons-le, l'instruction des enfants à l'école, et même jusqu'à un âge assez avancé, n'a pas à faire état de ce que l'élève n'est pas en mesure de comprendre, si du moins il s'agit de lui apprendre à penser par lui-même[3]. Il est manifeste qu'il faut remettre à plus tard les résultats qu'il n'est pas encore en mesure de comprendre et commencer par lui présenter ce qui peut être expliqué et compris par lui.

2 • L'exemple de Descartes

Seulement, il faut pour cela avoir compris quel est le « véritable » usage des mathématiques, c'est-à-dire ce à quoi elles doivent en effet servir, et ne pas le confondre avec leur usage dérivé et second : elles peuvent en effet servir aux ingénieurs pour construire des ponts, aux artilleurs, etc.

---

1. Kant, *Qu'est-ce que s'orienter dans la pensée ?* note finale, citée *infra* p. 46.

2. *Ibid.*

3. On comprend donc que vouloir que les programmes scolaires suivent le dernier cri de la recherche scientifique est une faute contre l'esprit…

- Or, c'est justement parce qu'elles ne servaient qu'à ce genre d'usage que Descartes fut déçu par les mathématiques qu'on lui apprenait à l'école. Il remarqua qu'étant des sciences démonstratives, elles pouvaient servir à habituer l'esprit à ne pas se contenter de fausses raisons[1] et, ainsi, nous permettre d'apprendre à penser par nous-mêmes au lieu de préjuger. Au sortir de l'école, vers l'âge de vingt ans, il reprit donc en main toute son instruction personnelle et commença par consacrer dix années de sa vie à s'entraîner à penser droitement. C'est durant cette longue période préparatoire qu'il réforma la géométrie, moins pour donner aux hommes un nouveau traité de mathématiques (ce qu'est en effet *La Géométrie* de 1637) que pour rendre autant que possible les mathématiques propres à leur véritable usage. La seconde partie du *Discours de la méthode* est le récit de cette extraordinaire entreprise.

- N'est-il pas étrange que les hommes se soucient généralement de leur entraînement physique et admirent les athlètes, tandis que ceux qui, comme Descartes, savent bien conduire leur entraînement intellectuel et moral sont rares et ignorés ? Qui sait, en effet, à part quelques « spécialistes », que la fameuse méthode ne fait au fond qu'exprimer l'esprit de cet entraînement[2] ?

3 • Une modernité peu cartésienne

- Si les mathématiques sont le meilleur entraînement de l'esprit, il faut pour cela qu'elles soient pratiquées en vue de cette fin, dans cette intention, et non pour former des ingénieurs ou des commerçants, ou même des mathématiciens de profession. Il est vrai qu'il faut des mathématiciens, des techniciens et des marchands, il faut donc aussi leur apprendre leur métier ; mais si l'on ne se soucie que de cela, la vertu intellectuelle des mathématiques est oubliée.

- Nous demandons seulement au lecteur de se poser la question suivante : la domination contemporaine de l'enseignement dit scientifique repose-t-elle sur le dessein de faire que les hommes apprennent à penser ou bien sur la croyance en l'utilité économique et sociale des sciences ? Est-elle fondée sur le souci de l'intelligence ou sur le désir d'accroître les richesses et la puissance des États ?

- Le sens cartésien de la véritable fonction des mathématiques est aujourd'hui perdu. Descartes pratiquait les mathématiques pour devenir davantage homme :

---

1. Descartes, *Discours de la méthode*, seconde partie.

2. Henri Gouhier, *Descartes, essais sur le Discours de la méthode, la métaphysique et la morale*, Vrin, 1973.

il voulait apprendre à comprendre, s'entraîner à bien user de sa raison, s'exercer à penser et ainsi se préparer à conduire sa vie d'homme le mieux qu'il est possible.

ENQUÊTE, DOUTE, CRITIQUE

1 • Le doute cartésien

• Réfléchir sur les Lumières revient donc à faire comme Descartes, qui commence son *Discours de la méthode pour bien conduire sa raison et chercher la vérité dans les sciences* par l'examen de tout ce qu'il a appris depuis sa jeunesse, à l'école, dans les livres et au cours de ses voyages, pour conclure que, sans doute, les mathématiques sont le seul savoir véritable qu'il ait rencontré, car elles seules sont une connaissance démonstrative et que, par conséquent, il doit mettre en doute tout ce qu'il croit s'il veut un jour, en dehors des mathématiques, posséder une véritable science.

2 • La critique de soi par soi

• Kant considère que les Lumières, c'est premièrement la critique ; il est ainsi le successeur de Descartes et il le sait. Qui veut devenir éclairé doit donc cesser de croire ses maîtres et prendre en main sa propre instruction, c'est-à-dire oser faire la critique de tout l'enseignement qu'il a reçu comme de toutes les croyances qui l'habitent. Car la critique de cet enseignement n'est pas d'abord celle d'une institution ou des hommes qui la composent, elle consiste en la critique de soi par soi – et c'est là toute la difficulté. Il faut prendre la décision de ne plus se contenter de croire et même s'entraîner afin de perdre l'habitude de préjuger qui s'est enracinée en chacun depuis l'enfance.

• Cette enquête est aussi bien socratique que cartésienne, elle est le principe même de l'idée kantienne des Lumières. On ne se pressera donc pas trop d'opposer les philosophes les uns aux autres ni de croire que leurs pensées sont celles de leur époque, de telle sorte qu'il n'y aurait pas de communication possible entre eux ou que la réponse kantienne ne vaudrait que pour son siècle. En effet, les philosophes n'expriment pas des opinions mais des pensées. Voilà pourquoi Platon et Hegel, par exemple, ne sont pas seulement dits philosophes par homonymie.

CRITIQUE ET NON PAS CONTESTATION

• La pensée éclairée est d'abord critique d'elle-même, et tel est le premier moment de la pensée adulte, la première étape pour qui veut penser par soi-même. *Critiquer*, c'est *juger* (le mot grec *krisis* signifie « jugement »). C'est, en un sens, un moment seulement négatif de crise. Il faut donc prendre garde : ne nous précipitons pas à confondre le refus ou plutôt la *contestation* avec la *critique*. Il ne suffit pas de s'opposer aux autres pour être libre. Penser contre les autres n'est pas penser par soi-même et le goût du paradoxe en a perdu plus d'un, qui refusait pourtant avec raison de croire.

• Nous n'avons donc ni à répercuter passivement les croyances communes, ni à en prendre le contre-pied : l'opposant est prisonnier de ce à quoi il s'oppose, son discours demeure relatif à son contraire. Fausse dialectique, celle qui oppose sur une question le pour et le contre, fausse question que celle de savoir si l'on est pour ou contre. C'est pourquoi vouloir que les apprentis philosophes se mêlent de donner leur avis sur toute chose et les inviter à débattre avant de les instruire – ce qui prend des années – est doublement vain : l'opinion personnelle qu'on leur propose de faire valoir est d'abord un préjugé, et la liberté qu'on leur donne de dire « non » est purement illusoire. Organiser des débats dans les classes et enseigner les mathématiques sans les démonstrations relèvent du même obscurantisme.

PRÉJUGÉ ET PRÉSUPPOSÉ

S'il fallait, pour comprendre une vérité et nous assurer que nous ne préjugeons pas mais comprenons, que nous ne faisons pas que croire sans savoir mais savons, s'il nous fallait pour cela dégager tous les présupposés de notre pensée (qu'il s'agisse de ses présupposés logiques et rationnels, ou de ses présupposés historiques), nous n'aurions jamais la possibilité d'affirmer quoi que ce soit de certain, pas même que le monde existe ou que deux et deux font quatre.

1 • Sommes-nous enfermés dans notre langue ?

• Il suffit ici de partir d'une remarque : nous ne pouvons séparer la formation et la conception de nos pensées de leur formulation ; or, cette formulation suppose toujours une langue que nous n'avons pas inventée et qui a une longue histoire. Cette langue dont tant d'hommes ont usé avant nous véhicule des significations que notre pensée n'a pas créées et qu'elle présuppose donc toujours malgré elle. Ainsi, nul ne peut faire que le mot « esprit » qu'il utilise ne contienne pas une comparaison entre le souffle du vent et la pensée, et, par conséquent, nul ne peut éviter de *présupposer* une certaine façon de penser analogiquement la pensée. Descartes lui-même utilise ce terme alors qu'il prétend avoir douté de tout et veut signifier l'hétérogénéité radicale de la pensée et du corps. Faut-il conclure qu'il n'a pas réellement douté, puisqu'il parle des langues dont il n'a pas examiné les présupposés ? Faut-il exclure que nous puissions, comme il le veut, partir de zéro sur des bases absolument déblayées de tout préjugé ?

2 • Penser sans préjugé dans sa langue est possible

Si cela était vrai, nul jamais ne pourrait rien dire de certain. Si, pour nous comprendre nous-mêmes, il nous faut une herméneutique[1] qui mesure toute l'épaisseur de signification dont est lourde notre parole, alors nous n'aurions jamais la moindre compréhension de rien. Certes, il est bon, et c'est en effet une tâche philosophique, de chercher toujours d'autres présupposés de nos pensées les plus claires. Toutefois, le projet d'un tel examen n'est lui-même sensé que si celui qui l'entreprend a déjà l'assurance qu'il comprend sans attendre d'avoir tout compris de ce qui est présupposé dans sa compréhension, avant même de chercher ses présupposés.

• Concluons que la pensée la plus claire est toujours lourde de présupposés qui peuvent encore être élucidés. Mais il faut qu'une pensée sans préjugé soit possible, qui peut être certaine d'elle-même et assurée qu'elle ne dépend pas de croyances insoupçonnées ou de faux principes, pour que l'implicite de cette pensée puisse être dégagé. Bref, une pensée sans préjugé est possible, qui n'est pas une pensée sans présupposé, et c'est ce que voulait dire Descartes.

3 • L'exemple cartésien

• Ainsi, lorsque, doutant de tout sans exception, je découvre que je doute, je suis, j'existe, j'ai là une certitude entière de ma propre existence d'être qui doute ou qui pense. Je sais ainsi fort peu de choses, mais je suis absolument certain de ce que je sais. Je pourrai seulement ensuite réfléchir sur les présupposés de cette première connaissance, et ainsi sur l'axiome : « Tout ce qui pense est », mais cette connaissance implicite qui précède toujours la connaissance acquise n'est pas un préjugé.

• Confondre préjugé et présupposé conduit à ignorer le sens du doute cartésien et de la philosophie des Lumières. Mais c'est ignorer qu'il n'y a de philosophie et

1. **Herméneutique** : du grec *hermêneuein*, « interpréter », « comprendre une signification ».

de compréhension tout court que pour la pensée sans préjugé, et c'est cela que Kant, continuateur délibéré de Descartes, appelle « les Lumières ».

4 • Nous sommes tributaires de l'histoire de la philosophie

• Il est vrai qu'un approfondissement de notre compréhension des textes philosophiques exige une reprise du passé de la philosophie, qui nous fait découvrir sans cesse de nouveaux présupposés de notre propre compréhension, ce qui veut dire qu'il est vain de s'en tenir à une compréhension prétendument immédiate. Toutefois, il est clair que, si la lecture de la moindre page supposait la maîtrise de toute la tradition à l'intérieur de laquelle nous la lisons, jamais nous ne pourrions même commencer à lire.

• Ainsi, Gadamer[1] veut avec raison que nous ne nous imaginions pas qu'avant nous il n'y a rien eu ou que nous ne sommes pas tributaires d'une histoire. Notre pensée s'inscrit en effet dans une tradition qu'elle a à comprendre. Mais prétendre que le refus cartésien de tout préjugé et la volonté de tout reprendre à zéro sont vains, au point même de faire un éloge du préjugé qui confond préjugé et présupposé, c'est se tromper. Si, à chaque moment de l'histoire de la philosophie, il n'était pas possible à chaque esprit qui le veut de s'assurer par lui-même de la vérité de ce qu'il dit sans avoir à retrouver par l'analyse du langage et de l'histoire tous les présupposés de ses mots et de ses discours, nous n'en aurions jamais fini de nous demander ce que présuppose à notre insu notre propos, et il faudrait être sceptique. Il faut donc qu'avant de considérer tous ces présupposés et tout le poids de la tradition, nous soyons capables de nous assurer de la vérité de notre propos, et cela sans préjuger mais aussi sans avoir à rendre compte d'abord de tous les présupposés de notre pensée, qu'il s'agisse des présupposés empiriques ou des idées innées elles-mêmes, dont nous usons avant de les formuler pour elles-mêmes.

5 • Rompre avec l'histoire !

C'est dire que tout philosophe commence, comme Descartes, par exposer ses propres pensées comme s'il était le premier à philosopher. La rupture avec l'histoire qui nous a précédés n'est donc pas de fait, mais de droit, et toute pensée

---

1. *Cf.* Gadamer qui, à la suite de Heidegger, expose la thèse contraire à la nôtre, dans *Vérité et Méthode*, Seuil, 1976 (par exemple, p. 109-113).

philosophique, c'est-à-dire majeure, l'accomplit. Elle ne signifie pas que nos prédécesseurs se sont trompés et que leurs pensées ne sont que préjugés mais que quiconque ne prend pas la peine de chercher et de comprendre la vérité par soi-même, quiconque s'imagine que les œuvres des autres le dispensent de penser, ne pense pas, et l'histoire de la philosophie n'est pour un tel homme que l'histoire des idées des autres, histoire sans la moindre trace de philosophie.

6 • Une histoire philosophique de la philosophie

Au contraire, pour celui qui prend en main ses propres pensées, il est possible de retrouver, mais selon un ordre qui est celui de sa méditation personnelle, c'est-à-dire en lui-même ou intérieurement, les grands philosophes, et ainsi de les comprendre vraiment : c'est de cette manière que nous proposons ici à notre lecteur notre propre façon de comprendre, c'est-à-dire de reprendre Kant dans le cours de nos propres pensées. Ne peut donc trouver de la philosophie dans un livre de philosophie que celui qui a déjà opéré la conversion philosophique, c'est-à-dire pense par lui-même. Aucun livre ne peut nous en dispenser. Si plusieurs sont de grands signes qui nous y invitent, ces monuments de l'esprit sont des admonestations à penser par soi-même, mais non des recueils d'opinions – même vraies – et de pensées toutes faites. Ces livres ne contiennent de trésors que pour ceux qui savent les faire revivre.

HEGEL ET LA VÉRITÉ DES LUMIÈRES

Il y a entre Descartes et Kant un fond d'accord qu'il convient de considérer avec attention. En effet, pour celui pour qui la philosophie n'est pas une chose extérieure mais sa propre pensée, les philosophes s'accordent fondamentalement, foncièrement, plus qu'on ne le croit généralement. Et lorsque Hegel montre l'insuffisance radicale de ce qu'on appelle la philosophie des Lumières, il commence par rendre compte de l'esprit de liberté qui la constitue et qui, comme tel, est absolument indépassable et appartient à toute vraie philosophie. Les Lumières, c'est l'affirmation de l'identité de l'esprit et de la liberté.

1 • La critique hégélienne des Lumières

• La *Phénoménologie de l'esprit* de Hegel (1806-1807) met l'accent sur ce qu'il y a de négatif et d'insuffisant en elles ; les Lumières sont définies comme un moment nécessaire de l'histoire de la conscience. Elles sont l'esprit dans ce qu'il a de dissolvant, en lutte contre le despotisme et le clergé, mais ignorant finalement la spiritualité : raison impure, parce que polémique, la pensée des Lumières sombre dans le matérialisme et le naturalisme.

• Disons, sans suivre la difficile dialectique hégélienne, que l'esprit qui ne sait que dire non, qui n'a conscience de lui-même que comme négation de tout, ne trouve en dehors de lui qu'une matière à transformer : c'est la raison sans principe et l'entendement sans règles dont Rousseau a déjà fait la critique radicale. Cette raison n'est plus qu'un moyen au service de nos désirs ; technicienne, elle est nécessairement serve car elle donne des moyens mais ne définit aucune fin proprement humaine : seul compte l'utile, « ce qui sert à... » ; est servile ce qui sert, ce qui n'a de sens ou ne vaut qu'en tant qu'il est utile. L'utile, étant toujours « utile à... », a par conséquent son essence en dehors de lui-même. Tout ce qui se réduit à l'utile est purement relatif et peut toujours être rapporté à autre chose que soi.

2 • Le sens de la raison

• Cette représentation d'une raison calculatrice au service des désirs, capable seulement de transformer la nature par la mise en œuvre de sciences positives et de techniques, a peut-être dominé le monde contemporain, mais ce n'est pas cela, les vraies Lumières. Kant lui-même s'y opposait et remarquait : « C'est une objection aussi mal avisée qu'injuste que les esprits superficiels adressent aux grands hommes qui consacrent aux sciences des soins laborieux, lorsqu'ils viennent demander : à quoi ça sert ? » Celui qui ne trouve pas de satisfaction dans le seul fait de connaître, de comprendre pour comprendre, celui-là ne se sait pas esprit, il ignore, ce que Platon au contraire avait remarqué, que « l'homme prend alors conscience de sa valeur propre. Les hommes qui ne sentent pas cela doivent envier les bêtes[1] ».

• Si l'intelligence est seulement utile, cela veut dire qu'elle peut servir à quelque chose, mais que comprendre n'est pas une fin en soi, que ce n'est pas une activité à laquelle on puisse s'adonner pour elle-même. Le primat de l'utilité signifie le refus de penser pour le principe. L'intelligence n'est plus dès lors qu'un organe ou un instrument, elle n'a plus de valeur en elle-même, mais seulement en tant qu'elle nous permet de satisfaire nos désirs, c'est-à-dire tout ce qui en nous est lié à notre animalité ; et, comprendre n'ayant plus d'intérêt en soi-même, mieux vaudrait en effet que nous soyons des bêtes, c'est-à-dire que notre vie soit réglée

1. Kant, *Logique*, Vrin, p. 45 ; *AK*, IX, 42.

par l'instinct. À quoi bon la raison en l'homme si c'est seulement pour courir après des plaisirs que l'instinct permet à l'animal de se procurer plus aisément ?

3 • L'éloge hégélien des Lumières

• Ainsi, la limite de ce qu'on appelle la philosophie des Lumières n'est pas dans l'idée de liberté de la pensée ou de pensée sans préjugé (et c'est cela que Kant retient des Lumières, c'est de cela qu'il fait la vérité des Lumières), mais dans un certain naturalisme qui est celui d'Holbach ou d'auteurs de ce rang, que combattaient déjà Rousseau et Kant.

• Le jugement de Hegel – et le cours d'histoire de la philosophie[1] est plus clair et plus complet que la *Phénoménologie de l'esprit* – sauve entièrement les Lumières de cette caricature naturaliste et matérialiste. L'aspect négatif et critique des Lumières est le moment de la prise de conscience de soi par laquelle l'esprit accède à lui-même, de telle sorte que la raison n'admet plus que ce qui procède d'elle-même. D'où l'éloge hégélien des « écrits philosophiques français », de leur « étonnante énergie, cette force du concept en lutte contre l'existence, contre la foi, contre toute la puissance de l'autorité établie depuis des millénaires ». Ils expriment « la plus profonde indignation contre tout ce qui est en vigueur » ; « c'est une certitude de la vérité de la raison », laquelle « a brisé tous les préjugés et en a triomphé ». C'est ainsi que la liberté, comme Hegel l'admet lui-même, s'est inscrite dans l'histoire du monde grâce aux Français : « Nous autres Allemands [Hegel s'adresse à ses étudiants], nous sommes en premier lieu passifs vis-à-vis de l'ordre établi ; en second lieu, s'il est renversé, nous sommes encore passifs : il a été renversé par d'autres, nous nous le sommes laissé enlever, nous avons laissé faire. » La suite prend la défense de Frédéric II, dont les limites de la politique tiennent à ce que personne en Prusse ne voulait de réforme. « Il est stupide qu'il soit aujourd'hui en prise aux attaques de la bigoterie et du faux germanisme. »

4 • Les anti-Lumières

• Hegel savait et regrettait que les Lumières aient trouvé en Allemagne dès le début du XVIIIe siècle une opposition telle que le terme d'*Auflärung* y avait un sens péjoratif. La revue berlinoise où Kant a publié en 1784 son opuscule était traitée de

1. Pour ce qui suit, *cf. Leçons sur l'histoire de la philosophie*, t. 6, *La Philosophie moderne*, Vrin, 1985, p. 1774 *sqq*.

« clique » ou de « bande berlinoise des Lumières », ou même, parce qu'elle donnait la parole à des penseurs de religion juive, de « synagogue des Lumières ». En 1793, Kant remarque[1] que le mot Lumières est tourné en dérision, comme celui de vertu. Le *Conflit des facultés* note[2] que les politiques décrient sous le nom d'*Aufklärer* – propagateurs des Lumières – les philosophes qui osent se donner la liberté de publier leurs réflexions sur les droits de l'homme.

- Cette tradition du refus des Lumières est toujours vivace, aussi bien en France qu'en Allemagne. Par une étrange ignorance, on va même en France jusqu'à donner de l'Allemagne une représentation fausse, en privilégiant l'Allemagne irrationaliste et ennemie des Lumières.

LAÏCS ET CLERCS

- Revenons à la formulation hégélienne de la vérité des Lumières – d'abord françaises, selon Hegel – qui ne fait au fond que reprendre celle de Kant : « Les philosophes avancèrent et soutinrent [...] l'idée que les hommes ne devaient pas être dans la position de laïcs, ni relativement à la religion, ni relativement au droit ; en sorte qu'il n'y ait plus, sur le plan religieux, une hiérarchie, une élite formée de prêtres, ni, sur le plan juridique, une caste, une société exclusive (ils ne voulaient pas non plus de juristes), à laquelle serait réservée la connaissance de ce qui est éternel, divin, vrai et juste, et qui pourrait commander et diriger les autres hommes. »

- C'est reprendre mot pour mot *La Religion dans les limites de la simple raison*[3]. Selon le sens de ces mots en grec, le *clerc* est un lettré, le *laïc*, l'homme du peuple, considéré par opposition au clerc comme ignorant (profane en telle ou telle matière). Kant ou Hegel ne veulent pas dire qu'il est possible de supprimer la distinction des savants et des ignorants. En outre il est manifeste que la coopération des hommes suppose des techniques ou des savoirs spécialisés : chacun se trouve donc ignorant en dehors de son propre domaine. Ainsi, la construction d'un pont est assurée par un expert, les autres hommes, dans leur ignorance, lui faisant confiance sans qu'il y ait là pour eux rien d'avilissant ou de dégradant.

---

1. *La Religion dans les limites de la simple raison*, Vrin, p. 95.
2. *Le Conflit des facultés*, II, 8.
3. *La Religion dans les limites de la simple raison*, III, 1, 7 ; *AK*, VI, 122. *Cf. infra*, fiche 6, p. 90.

• Toutefois, la religion et le droit concernent tout homme en tant qu'homme ; c'est pourquoi nul ne saurait ici se contenter de s'en remettre à la compétence d'un spécialiste, à moins de rester mineur et, se soumettant à un tuteur, de renoncer à sa dignité d'homme. Que les droits de l'homme dépendent en effet de clercs, et la liberté de la plupart des hommes sera à la merci d'une caste qui ne manquera pas de cultiver leur ignorance pour les maintenir plus longtemps sous son joug.

PENSER PAR SOI-MÊME : DÉFINITION

1 • La formulation de « Qu'est-ce que s'orienter dans la pensée ? »

• La note finale de l'article « Qu'est-ce que s'orienter dans la pensée ? », paru en octobre 1786 dans *Le Mensuel berlinois*, résume tout ce que nous avons dit jusqu'ici : « Penser par soi-même signifie chercher en soi-même (c'est-à-dire dans sa propre raison) la pierre de touche[1] suprême de la vérité ; et la maxime qui nous dit de toujours penser par nous-mêmes est l'*Aufklärung*. Cela suppose beaucoup moins de choses que ne l'imaginent ceux qui font consister l'*Aufklärung* dans des connaissances ; elle consiste plutôt en un principe négatif de l'usage de la faculté de connaître, et il arrive souvent qu'un homme extrêmement riche de connaissances soit le moins éclairé lorsqu'il s'agit d'en user. Se servir de sa raison ne veut rien dire d'autre que se demander soi-même ceci, pour tout ce qu'on doit admettre [comme vrai] : puis-je bien ériger en principe universel de l'usage de ma raison la raison pour laquelle je l'admets, ou la règle qui résulte de ce que j'admets ? Chacun peut ainsi se mettre lui-même à l'épreuve ; et il verra que cet examen fait aussitôt disparaître superstition et extravagance (*Schwärmerei*), quoiqu'il soit loin d'avoir toutes les connaissances qui permettent de les réfuter toutes deux par des raisons objectives. Il n'a en effet besoin que d'obéir à la maxime de la conservation de soi (*Selbsterhaltung*) de la raison. Il est donc facile d'implanter l'*Aufklärung* dans les sujets particuliers en les instruisant ; il faut seulement commencer de bonne heure à habituer les jeunes têtes à cette réflexion. Au contraire, éclairer une époque demande beaucoup de temps ; car il y a beaucoup d'obstacles extérieurs qui rendent ce genre d'éducation impossible ou difficile. »

---

1. **La pierre de touche** : le critère, ce qui permet de juger de, de reconnaître.

2 • L'autonomie

• Une pensée libre est une pensée universelle : une pensée dont je sais qu'elle ne procède pas en moi de ce qui m'est particulier (mon éducation, mon tempérament, le lieu ou la date de ma naissance, etc.) mais de ce que je comprends, c'est-à-dire de ce que tout homme qui consulte sa raison peut aussi comprendre s'il le veut. À tout le moins cette maxime négative de la pensée sans préjugé nous permet-elle de mettre en doute nos croyances et de ne pas nous en laisser imposer par les charlatans : celui qui décide de s'en tenir à ce qu'il comprend, et à cela seulement, celui-là est en effet délivré des superstitions – il ne croira plus aux fantômes, à l'astrologie, aux fausses sciences en général – et des croyances par lesquelles on s'imagine parfois s'élever à Dieu sans pourtant voir clair, dans la chaleur des sentiments et des intuitions, c'est-à-dire de tout élan religieux irrationaliste (la *Schwärmerei*, que l'on traduit généralement par « extravagance »).

• Le despotisme et l'irrationalisme vont de pair parce que c'est la même chose pour l'homme d'être esclave d'un maître ou de ses propres illusions. Dans les deux cas, il ne se gouverne pas lui-même, il est soumis à une loi dont il n'est pas l'auteur : cela s'appelle l'hétéronomie. Au contraire, le gouvernement de la raison est autonomie. En effet, l'homme qui marche en fonction de ce qu'il voit et comprend, sachant ainsi ce qui est le meilleur pour lui et vivant donc selon sa propre raison, un tel homme est libre et adulte, il fait réellement ce qu'il veut.

3 • La formulation de la *Critique de la faculté de juger*

• La *Critique de la faculté de juger*, en 1790, donne une autre formulation de l'impératif des Lumières. C'est la première maxime du sens commun (ou de l'entendement commun) : « Penser par soi-même ! », décision « de ne jamais faire un usage passif de sa raison. Le penchant à cette passivité, par suite à l'hétéronomie de la raison, s'appelle le préjugé ; et le plus grand de tous est de se représenter la nature comme n'étant pas soumise aux règles que l'entendement, en vertu de sa propre législation essentielle, lui donne comme fondement : c'est la superstition. Le fait de se libérer de la superstition se nomme *Aufklärung* ; en effet, bien que cette dénomination convienne à désigner le fait de se libérer du préjugé en général, la superstition mérite plus que tout d'être appelée préjugé (*in sensu eminenti* = au sens le plus haut), puisque l'aveuglement où elle met et dont elle va même jusqu'à faire une obligation, fait voir plus que tout le besoin qu'on a d'être conduit par d'autres et montre ainsi dans quel état est une raison passive ».

• On travaillera la note de Kant (*AK*, V, 294, § 40) et les deux autres maximes. La deuxième : « Penser en se mettant à la place de n'importe qui d'autre », est la maxime de la pensée ouverte (ouverte s'oppose à bornée), celle d'un homme qui pense universellement, c'est-à-dire comme tout autre pourrait penser. La troisième : « Penser en accord avec soi-même », est la maxime de la pensée conséquente, celle à laquelle il est le plus difficile d'obéir[1].

SAPERE AUDE !

• Ainsi la maxime de l'*Aufklärung* : *Sapere aude !* (« Aie le courage de savoir ! » « Prends le parti de l'intelligence ! »), empruntée au poète latin Horace[2], avait été choisie en 1736 par les « Amis de la vérité » (*Alêthophilen*) qui avaient fondé une société pour diffuser la philosophie leibnizienne et wolffienne. On y avait fait frapper une médaille avec un buste d'Athéna, déesse grecque de l'intelligence, sur le casque de laquelle étaient gravés les portraits de Leibniz et de Wolff, ainsi que la devise : *Sapere aude*[3] *!*

• Cette maxime est commune à la métaphysique dogmatique wolffienne, objet de la critique kantienne, et à Kant lui-même parce qu'elle est l'expression d'une volonté de raison qui caractérise toute philosophie comme telle. Le dogmatisme métaphysique est l'illusion d'une raison qui présume de ses propres forces, illusion rationaliste qui est philosophique, tandis que l'extravagance (*Schwärmerei*) et le mysticisme sont une renonciation à la raison qui met en cause la liberté : en effet, si nous n'écoutons pas notre raison, que croirons-nous ? Et, sous prétexte d'intuition ou de génie, ne risquons-nous pas de nous assujettir à la loi d'un autre, quand obéir à la raison est obéir à la loi qu'on s'est prescrite[4] ?

LA LIBERTÉ INTERNE

• L'impératif des Lumières résume notre tâche d'homme. Ainsi, nous avons avec Kant une conception morale des Lumières qui signifie que chacun a la lucidité ou la superstition qu'il mérite. Il dépend de nous de nous laisser emporter par nos préjugés

---

1. On peut trouver ce texte dans la *Critique de la faculté de juger*, § 40, Vrin, 1974.

2. Horace, *Épîtres*, I, 2, 40.

3. *Was ist Aufklärung ? Kant, Erhard, Hamann, Herder, Lessing, Mendelssohn, Riem, Schiller, Wieland*, Éditions Reclam.

4. *Qu'est-ce que s'orienter dans la pensée ?* AK, VIII, 145.

ou de juger, et, si nous oublions de prendre en main notre propre pensée, si nous demeurons mineurs, c'est bien par lâcheté. Chacun est responsable de ses illusions.

• Il importe de comprendre ici que le propos kantien repose sur une certaine idée de la liberté intérieure qui est peut-être toute la philosophie. On peut entendre par liberté de penser, soit la liberté externe, c'est-à-dire le droit accordé aux hommes d'avoir les pensées qu'ils jugent eux-mêmes les meilleures et de les exprimer publiquement, soit la liberté intérieure qui fait l'homme libre : l'esprit libre juge en fonction de la vérité et ses jugements ne sont pas emportés par ses passions, ses intérêts, ses habitudes. Un homme vraiment libre est chose rare, et tel est l'homme éclairé et sans préjugés dont nous avons traité.

• La **liberté externe** ne dépend pas de moi mais de la chance que j'ai ou non de vivre dans un État qui l'accorde. La **liberté interne**, « celle qui est liberté à l'égard des chaînes que sont les conceptions et les modes de penser habituels et renforcés par l'opinion générale », cette liberté-là « n'est pas du tout commune, au point que même ceux qui font profession de philosophie n'ont que rarement su y parvenir[1] ». Ainsi, un homme peut vivre dans un État où la liberté de pensée est garantie par la loi, où aucune censure ne lui interdit de publier ce qu'il veut, et, pourtant, n'être pas le moins du monde libre mais préjuger dans toutes ses pensées, demeurer esclave de l'opinion générale, au lieu de juger par lui-même. Tel est le lot commun des hommes dans les pays libres. Cet esclavage de pensée qui vient de ce qu'on ne se fait pas soi-même libre juge de toutes ses pensées, de ce qu'on ne consulte pas sa propre raison ou son propre entendement, alors qu'on est en âge de le faire – car l'enfant doit apprendre à user de son entendement et attendre que ses autres facultés se soient développées avant de pouvoir être son propre maître –, cette servitude volontaire est pour l'homme un état de minorité[2] où il se trouve par sa propre faute.

MINORITÉ ET MAJORITÉ

• La **minorité** au sens strict est un état de protection juridique : celui qui n'est pas capable de prendre par lui-même les décisions qui conviennent à la conduite de sa vie ou à l'organisation de ses biens est pris en charge par un autre – son tuteur.

---

1. *AK*, VIII, 58, fin du premier *Compte rendu de l'ouvrage de Heider* [...] ; *cf.* Kant, *Opuscules sur l'histoire*, GF-Flammation, 1990, p. 110.
2. Minorité : *cf.* Glossaire, p. 126.

C'est le cas des enfants, mais aussi de certains malades. Kant ne parle pas ici de la minorité ou de la majorité juridique. Est en effet **majeur** ou adulte, au sens général du terme, l'homme capable de décider lui-même de ce qu'il a à faire et à être. Ainsi l'homme n'est pas, comme les autres êtres vivants, gouverné par les seuls instincts naturels. Il a à se gouverner lui-même, et en cela consiste sa liberté : entendue négativement, elle signifie qu'il n'est pas soumis au joug de la nature ou d'un autre ; entendue positivement, elle signifie qu'il fait son propre destin : il est sa propre œuvre.

- Un être soumis à la loi d'un autre – que cet autre soit un homme, un dieu ou la nature – est dans un état d'**hétéronomie** ; un être libre, qui se gouverne lui-même et, en ce sens, ne reconnaît que sa propre loi, est **autonome**. L'animalité est hétéronomie.

- Il ne suffit pas à l'homme d'atteindre un certain âge pour devenir majeur, il lui faut encore le vouloir et prendre la décision de se gouverner lui-même en fonction de ce que lui-même juge être le meilleur, et non de rester soumis à d'autres hommes ou à leur jugement. Dire que l'homme est libre, c'est comprendre qu'il ne lui suffit pas de respirer et de croître comme un animal ou une plante pour être lui-même, et donc que sa liberté n'est **pas un fait mais une conquête** qui ne dépend que de lui.

L'EXEMPLE DE LA MÉDECINE

1 • La formulation du *Conflit des facultés*

- L'expérience montre que la plupart des hommes demeurent mineurs à l'âge où l'on pourrait penser qu'ils ont pris leur vie en main. L'exemple de la médecine, que l'opuscule de Kant traite en deux mots, est généralement incompris : suivons une page de 1798 où Kant le développe[1].

- L'homme mineur préfère payer un médecin pour décider à sa place de son régime, plutôt que d'en décider lui-même en prenant la peine de consulter sa raison. Le « peuple » (entendons là le plus grand nombre, composé d'ignorants et de mineurs) tient plus à sa santé qu'à sa liberté : il attend de la médecine le moyen de vivre le plus longtemps possible. Or, que demande la raison à un homme libre sur « ce dont il peut et doit se mêler lui-même » en la matière ? Qu'il « se comporte

1. *Le Conflit des facultés*, 1, 2, *AK*, VII, 30 *sqq*.

avec mesure dans la jouissance et avec patience dans la maladie, et compte surtout sur l'aide que la nature lui apporte d'elle-même; et il n'a certes pas besoin pour tout cela d'un très grand savoir; même, à cette fin, on n'en a le plus souvent pas besoin, pourvu qu'on veuille maîtriser ses penchants et confier le gouvernement [de soi-même] à sa raison; mais, parce qu'il faut se donner soi-même de la peine, le peuple n'y attache aucune importance». Voilà pour le «peuple» un vain bavardage de philosophes! Au lieu de se contenter de vivre honnêtement comme le veut la raison, il réclame à la science du théologien le moyen de gagner le ciel tout en vivant en scélérat; au lieu de ne pas commettre d'injustice comme le veut la raison, il attend du juriste le moyen de gagner ses procès même s'il est dans son tort; de même, il demande au médecin: «Comment, si j'ai usé et abusé des forces de mon corps de tout mon saoul, puis-je tout de même rester en bonne santé et vivre longtemps?»

- Ainsi les savants des facultés de théologie, de droit et de médecine doivent penser à sa place et lui tenir lieu de tuteurs. «Tout se passe comme si le peuple allait chez les savants comme chez le devin ou le magicien qui est au fait des choses surnaturelles; car l'ignorant se fait facilement du savant dont il attend quelque chose une idée beaucoup trop haute. Aussi peut-on naturellement prévoir que si quelqu'un avait assez d'impudence pour se faire passer pour un semblable faiseur de miracles, le peuple lui serait acquis et se détournerait avec mépris de la faculté de philosophie.» (Faculté de philosophie signifiait alors faculté des sciences.)

2 • Notre médecine

- Or, notre faculté de médecine est en un sens une faculté des sciences, la médecine expérimentale contemporaine guérit des maladies graves, elle nous remet d'accidents graves; on lui doit l'allongement de la vie: nous pouvons compter sur plus que sur l'aide de la nature à laquelle renvoyait Kant. Mais d'où vient ce qu'on appelle le pouvoir médical, sinon de la superstition dont parlait Kant? Médecins et scientifiques ne remplacent-ils pas, dans l'imagination des ignorants ou des mal instruits, les savants d'alors? Les hommes s'en remettent à l'autorité des médecins comme à un nouveau clergé; loin de se diriger eux-mêmes dans ce qui dépend de leur raison et de leur volonté, ils laissent d'autres décider: et plus la médecine est efficace, plus ils se croient dispensés de régler leur vie et attendent qu'on les soigne.

• Ainsi, l'habit (la blouse blanche) et le jargon des médecins (ils parlent aujourd'hui généralement grec), qui correspondent à des nécessités techniques indéniables, continuent parfois d'avoir la même fonction que le latin et le costume des médecins de Molière[1] : il suffit pour cela de la complicité de malades et de certains praticiens, ceux-ci, trop heureux d'être adulés, cultivant la « minorité » de ceux-là. (Pour la même raison, le progrès des sciences et des techniques n'a pas fait baisser le chiffre d'affaires des astrologues et des charlatans, et les fausses sciences trouvent parfois crédit auprès de certains savants.)

• La liberté de l'homme signifie que même son développement et son entretien physique dépendent de sa volonté : à lui de prendre soin de son corps, de son alimentation, de son entraînement, etc., bref, de ce que *Qu'est-ce que les Lumières* appelle son « régime ».

SE FAIRE

• Répétons-le, tout le propos kantien repose sur l'idée que l'homme est libre, c'est-à-dire qu'il est ce qu'il se fait lui-même : dans tout ce qui fait de lui un homme, l'homme n'a à compter que sur lui-même et non sur sa simple croissance animale ou naturelle. Alors qu'un animal s'accomplit nécessairement selon le type défini par son espèce (tout chien devient pleinement chien), au contraire, il dépend de l'homme d'être homme. C'est pourquoi il a besoin d'une éducation, contrairement aux autres êtres de la nature. La même raison fait qu'il peut ne pas devenir homme ou qu'il lui arrive de sombrer dans ce qui est pire que l'animalité, la bestialité.

• Ainsi, la liberté de l'homme est sa grandeur, sa noblesse, et c'est pour cela qu'il a à se prendre en main au lieu de se laisser aller ou de se laisser conduire par un guide extérieur : parce qu'il est libre, l'homme a des devoirs et, d'abord, celui d'être homme ou de se faire homme. Alain commentait : « Noblesse oblige ! » La majorité est dure à obtenir. L'état de minorité où demeurent trop d'hommes vient bien de leur lâcheté, de ce qu'ils n'ont pas osé faire leur devoir d'homme. Quelle que soit la liberté externe qui leur est accordée, sans le courage de conquérir et de garder leur liberté interne, ils demeurent esclaves.

---

1. C'est si vrai que les lycéens sont surpris, choqués, et même indignés, si on leur dit que les pièces de Molière ne sont pas un témoignage sur une médecine disparue.

La propagation des Lumières

Les Lumières une fois définies, il s'agit de comprendre comment les hommes peuvent y accéder : tel est l'objet de l'opuscule de Kant.

LIBERTÉ INTERNE ET LIBERTÉ EXTERNE

De ce qui vient d'être établi concernant la liberté de pensée, il ne faudrait pas conclure que la liberté d'opinion et d'expression ne sert à rien. Kant le remarquait déjà : « On dit, je le sais, qu'un pouvoir supérieur peut nous enlever la liberté de parler ou d'écrire, mais pas du tout la liberté de penser. Mais penserions-nous donc beaucoup, et quelle serait la justesse de nos pensées, si nous ne pensions pas pour ainsi dire en communauté avec d'autres, qui nous font part de leurs pensées et auxquels nous communiquons les nôtres ? On peut donc bien dire que le pouvoir extérieur qui enlève aux hommes la liberté de communiquer publiquement leurs pensées leur ôte aussi la liberté de penser : l'unique trésor qui nous reste au milieu de tous les fardeaux de la vie civile, et qui seul fait qu'il nous est possible de trouver un remède à tous les maux liés à cet état[1]. » Il y a dans ce texte deux idées à bien retenir.

1 • Toute atteinte à la liberté d'expression, c'est-à-dire à la liberté externe, est une atteinte à la liberté interne

- La communication des pensées est essentielle à leur formation intérieure. C'est pourquoi il faut éviter l'égoïsme logique – manière de s'enfermer en soi-même, en matière de connaissance (tel est ici le sens du mot « logique »), sans consulter le jugement des autres. Ainsi, « l'égoïste logique considère comme inutile de mettre son jugement à l'épreuve de l'entendement d'autrui, comme s'il n'avait nul besoin de cette pierre de touche[2] (critère externe de la vérité). Il est pourtant si certain que nous ne pouvons pas nous passer de ce moyen de nous assurer de la vérité de notre jugement que c'est peut-être la principale raison pour laquelle le monde savant réclame à grands cris et si instamment la liberté d'écrire ; car, si elle ne nous est pas accordée, nous sommes du même coup privés d'un moyen considérable de mettre à l'épreuve la justesse de nos propres jugements et nous sommes livrés à l'erreur[3] ».

---

1. *Qu'est-ce que s'orienter dans la pensée ? AK*, VIII, 144.
2. *Cf.* note 1, p. 46.
3. *Anthropologie au point de vue pragmatique*, § 2 ; *AK*, VII, 128-129.

• Kant poursuit en disant que cela est vrai en mathématiques ou même dans notre perception ordinaire. Ainsi, entendant un son, il arrive que nous demandions à un autre de nous confirmer que nous ne rêvons pas. Le philosophe ne pouvant comme les juristes se fonder sur une jurisprudence, c'est-à-dire sur les jugements qui ont été prononcés par d'autres, il doit parler comme s'il était le premier à philosopher; mais, si ses écrits ne trouvent aucune sorte d'approbation, il est soupçonné d'erreur dans les opinions qu'il a exprimées publiquement, quelle que soit par ailleurs leur valeur. Ainsi, le goût du paradoxe est un entêtement, une opiniâtreté, qui nous fait parler contre les autres et nous enferme dans notre propre jugement, comme si nous n'avions pas besoin de nous mettre à l'épreuve du jugement des autres.

• Toutefois, remarque Kant, le paradoxal vaut mieux que le banal, et le goût du paradoxe ne peut être reproché à quelqu'un. Car, en matière de vérité, c'est à chacun de juger, et le pire est d'y renoncer pour suivre l'avis général. Consulter le jugement d'autrui, ce n'est pas s'y ranger d'avance : il se peut qu'un homme ait raison contre tous les autres. Galilée était seul. Le nombre de voix ne fait pas la vérité.

• Que nous ayons donc besoin de communiquer nos pensées pour les mettre à l'épreuve du jugement des autres et que nous ayons nous-mêmes à mettre à l'épreuve les communications des autres, cela signifie que la liberté d'expression est essentielle à la recherche de la vérité. Mais ce n'est pas renoncer à juger pour s'en remettre au jugement des autres, quel que soit leur nombre, et laisser la communauté scientifique imposer une pensée officielle qu'il suffirait de croire. En matière de science et de pensée, il n'y a pas d'autorité extérieure.

• Dans le dialogue des esprits, chacun garde sa liberté entière, et nulle pensée commune ou collective ne vient remplacer le jugement personnel : chacun demeure l'intime gardien de l'universel. Il n'en demeure pas moins que, si la liberté de penser et de publier n'est pas garantie et que tout dialogue ou toute communication deviennent impossibles, la possibilité même de la recherche de la vérité est mise en cause.

2 • Le remède aux maux de la vie en société

La seconde idée trouve ici une expression désabusée. D'une part, Kant met en cause l'oppression qui règne en Prusse. D'autre part, il résume tout l'opuscule sur les Lumières : seule la liberté d'opinion peut nous permettre de trouver les remèdes à tous les maux que nous subissons dans l'état civil, car c'est le seul moyen qui permette aux hommes de faire un libre usage de leur raison et ainsi de chercher publiquement quelles sont les meilleures dispositions à proposer au gouvernement. C'est là le point essentiel de tout l'opuscule, que nous ne comprendrons vraiment que plus tard.

LA PROPAGATION DES LUMIÈRES, LEUR « PUBLICITÉ »

• Voyons d'abord pourquoi le seul fait de rendre publics – essentiellement par l'écriture – les jugements des hommes savants ou seulement instruits et d'instaurer entre eux un dialogue public (sur la législation ou la religion, etc.) doit contribuer au progrès des Lumières et à l'amélioration du gouvernement.

• L'opuscule de 1784 se contente finalement de dire qu'il suffit que la liberté de penser et d'exprimer ses pensées soit accordée pour que les Lumières se propagent : il est inévitable qu'un public accède aux Lumières si on lui laisse cette liberté. Les *Aufklärer* n'ont qu'à publier leurs jugements, et, peu à peu, par la lecture de leurs œuvres, les hommes deviendront éclairés.

1 • L'école

• Kant ne compte pas sur la mise en place par l'État d'une école qui instruise réellement les hommes. Il sait que les princes ne sont préoccupés que par la guerre[1] ou, du moins, par l'accroissement de la puissance de leur État ; ils « ne considèrent leurs sujets que comme les instruments de leur dessein[2] » et, par conséquent, n'admettent de dépenser de l'argent pour l'école que dans la mesure où cela leur est utile, mais non pour former des citoyens libres capables de faire la critique de leur politique.

• Si sa fonction est d'abord d'apprendre aux esprits ce que c'est que s'éclairer, de leur apprendre à ne pas croire et à juger, l'école est par nature une pépinière d'opposants, et l'on comprend qu'il y ait peu de véritables écoles dans le monde. De leur côté, les parents ne sont guère obnubilés par la liberté, l'intelligence ou

1. La proposition VIII de l'*Idée d'une histoire universelle*... remarque que l'État dépense toutes ses ressources à la guerre et, pire encore, à la préparation incessante de la guerre. C'est pourquoi il ne dispose « pas d'assez d'argent pour organiser l'instruction publique ». Sur l'école, *cf. Le Conflit des facultés*, II, 10.

2. *Leçons sur l'éducation, AK*, IX, 448. La suite de notre exposé reprend cette page de Kant.

l'humanité de leurs enfants ; ils ne songent qu'à leur carrière future, à leur réussite sociale, comme on dit. On les entend aujourd'hui leur dire qu'il faut faire des études pour avoir un métier et pour s'adapter au monde actuel, mais presque jamais il n'est question de l'intérêt qu'apprendre pourrait avoir en soi. On va à la faculté pour obtenir des diplômes donnant droit à un travail et à un salaire, on n'y va pas en quête de véritables Lumières.

• C'est parce qu'il sait qu'il ne faut pas trop espérer en l'institution scolaire que Kant donne tant d'importance à la liberté d'opinion et d'expression. Elle permet aux savants et aux hommes instruits de communiquer leurs pensées et ainsi de constituer un public capable de juger, de telle sorte que ce public devienne peu à peu plus nombreux et plus éclairé.

2 • Le fondement de l'espoir kantien

• Cependant n'est-ce pas trop espérer encore ? Laissons ici de côté le problème posé par l'univers médiatique contemporain, qui peut paraître plus propre à communiquer les préjugés que les Lumières. Et il faut aujourd'hui beaucoup de temps et de science pour trouver dans la multitude des parutions les livres importants pour le sort des hommes. Il faudrait poser la question de savoir si notre monde est ou non propice à la liberté de pensée : un homme peut-il encore s'orienter dans la masse informe de sons, d'images et de papiers qui le submergent[1] ?

• Contentons-nous de comprendre pourquoi Kant considère que la seule publication des œuvres de la raison propage nécessairement les Lumières : c'est que la publication du vrai le propage, par un processus qui n'a rien ni d'une propagande ni d'une contagion. L'homme est par nature capable de comprendre et aussi bien d'éprouver dans son cœur un élan vers le bien, pourvu qu'on le mette devant la vérité et le bien. Les hommes qui paraissent incapables de comprendre la vérité ou d'éprouver un sentiment de justice sont aussi des hommes et ils ont une conscience ; mais la vie qu'ils ont menée depuis leur enfance (à cause de leur lâcheté, si bien cultivée par leurs tuteurs) les a fait regarder du mauvais côté[2].

---

1. C'est la raison pour laquelle on en vient aujourd'hui à confondre information et savoir, c'est-à-dire stockage et compréhension.

2. Il faut reprendre sur ce point la célèbre image de la caverne, dans le livre VII de *La République*, de Platon.

Kant insiste beaucoup sur ceci que la considération du vrai bien éveille naturellement dans le cœur de l'homme un intérêt qui le pousse à agir dans le sens de ce qu'il éprouve, et qu'ainsi les Lumières « doivent peu à peu monter jusqu'aux trônes et même influer sur les principes du gouvernement[1] ». La nature de l'esprit humain est telle que, « par le progrès des Lumières, commence à s'établir un mode de pensée qui peut, avec le temps, transformer notre grossière disposition naturelle au discernement moral en principes pratiques déterminés[2] »...

3 • L'idée d'une conversion morale

• Il s'agit donc d'une réforme intérieure, d'une sorte de conversion morale. Or, on sait bien qu'un savant n'est pas pour autant un homme de bien et que l'adresse intellectuelle ne fait parfois qu'accroître l'immoralité. Kant ne l'ignorait pas, et il avait été particulièrement sensible à l'expression que Rousseau propose de cette vérité.

• Pourtant, s'il est vrai que l'homme est par nature capable d'éprouver, pour le bien que sa raison lui présente, un sentiment de respect, de telle sorte qu'il se mobilise au service de ce bien, alors, Kant est fondé à le penser, l'habitude que la pratique des sciences donne de consulter sa raison au lieu de préjuger, finira par éveiller en l'homme sa disposition morale : « [...] Mais il y a dans les dispositions naturelles de chaque homme le fondement de l'intelligence du vrai et du bien, aussi bien que de l'intérêt qui porte le cœur (*Herzensanteil*) vers eux ; le vrai et le bien ne manquent donc pas, une fois devenus publics, de se communiquer (*mitzuteilen*) partout, grâce à l'affinité naturelle qu'ils ont avec la disposition morale d'êtres raisonnables. Les obstacles, dont la cause est politique et civile, peuvent de temps en temps s'opposer à leur extension, mais ils servent plutôt à rendre encore plus intérieure l'union des esprits en vue du bien (que leur pensée n'oublie plus jamais une fois qu'elle l'a saisi du regard[3]). »

• Ainsi la vérité se propage du seul fait qu'elle paraît ; les hommes auxquels elle est montrée la comprennent, parce qu'ils sont esprits. C'est parce qu'elle répond à leur attente d'hommes, d'êtres raisonnables, qu'elle leur parle, et il suffit donc

1. *Idée d'une histoire universelle au point de vue cosmopolitique*, proposition VIII : un certain intérêt du cœur *(Herzensanteil)*, qui ne peut manquer de porter l'homme éclairé au bien qu'il conçoit parfaitement.
2. *Ibid.*, proposition IV.
3. *La Religion dans les limites de la simple raison*, *AK*, VI, 122-123.

d'ôter les obstacles qui empêchent de comprendre[1]. Il n'y a, en un sens, rien à faire, il faut seulement laisser faire, et c'est ce que signifie la liberté d'expression.

• Inversement, « l'interdiction de la publicité » (interdire que chacun publie ses pensées, comme le veulent ceux qui entendent en un sens péjoratif le terme d'*Aufklärer*, propagateur des Lumières), cette interdiction « empêche un peuple de progresser vers le bien, même en ce qui concerne la moindre de ses exigences, à savoir son droit naturel ».

« PUBLICITÉ » ET PROPAGANDE

• « Éclairer un peuple, c'est lui enseigner publiquement ses devoirs et ses droits à l'égard de l'État auquel il appartient. Parce que cela ne concerne que des droits qui sont naturels et proviennent de l'entendement commun, les annonciateurs et les interprètes naturels de ces droits dans le peuple ne sont pas des professeurs de droit officiels nommés par l'État, mais des professeurs de droit libres, c'est-à-dire les philosophes, lesquels, précisément à cause de cette liberté qu'ils se donnent, sont choquants pour l'État qui ne veut jamais que dominer; et ils sont décriés sous le nom de propagateurs des Lumières (*Aufklärer*) comme des gens dangereux pour l'État; pourtant, ils ne s'adressent pas confidentiellement au peuple (qui ne prend guère garde ou même ne prend pas du tout garde à cette question et à leurs écrits), mais s'adressent respectueusement à l'État, l'implorant de réfléchir à ce besoin légitime du peuple; ce qui ne peut arriver par une autre voie que la publicité (*Publizität*), si un peuple entier veut présenter ses doléances (*gravamen*). Ainsi, l'interdiction de la publicité empêche le progrès d'un peuple vers le bien, même en ce qui concerne la moindre de ses exigences, à savoir simplement son droit naturel[2]. »

• Nous n'avons pas ici un phénomène de contagion ou de propagation physique, comparable à la propagation de la chaleur; il ne s'agit pas davantage d'une propagande ou d'une publicité, au sens qu'on donne aujourd'hui à ce mot, c'est-à-dire d'une technique fondée sur le préjugé, excluant par principe le libre jugement.

• La publicité qui vante un produit veut séduire et, pour cela, s'appuie sur les croyances en cours; elle repose tout entière sur les habitudes de penser des

---

1. *Cf.* le texte cité dans la fiche 2, p. 46.
2. *Le Conflit des facultés*, II, 8 ; *AK*, VII, 89. *Cf.* à ce propos Joël Wilfert, « Kant, l'*Aufklärung* et l'ironie de la raison », in *L'Enseignement philosophique*, septembre-octobre 1987, article complet sur les Lumières et la liberté d'écrire chez Kant. Nous lui devons beaucoup.

hommes et elle-même n'a de prise sur les esprits que par la répétition. Finalement, il s'agit de monter des mécanismes qui feront que les clients se précipiteront à leur insu sur les produits pour lesquels on les a conditionnés. Certaines sciences humaines codifient de manière systématique ces techniques qui permettent d'agir sur les hommes. La propagande politique utilise les mêmes mécanismes.

• La diffusion des Lumières, au contraire, comme celle de la lumière, ne donne à l'homme ni la vue ni la vérité mais le met seulement en mesure de voir par lui-même la vérité. Elle n'agit pas sur lui. Elle ne tire pas parti de sa passivité.

ÉCRITURE ET RAISON

• On comprend déjà une des raisons pour lesquelles il est important que l'accent soit mis ici sur l'écriture. Non que Kant exclue la liberté de parole ! Mais l'écriture a moins de chance d'être pervertie par la rhétorique que la parole. Je parle à un homme qui est devant moi et dont je vois les réactions ; je devine ses pensées, ses préjugés, son attente à lui, homme de tel âge, de tel milieu, et je peux, pour le persuader de ce que je lui dis, m'appuyer sur tout ce qu'il est.

• Écrire, au contraire, c'est écrire à l'homme en tant qu'homme, à tout homme. Je ne connais pas mon lecteur, j'ignore s'il a tel ou tel préjugé, s'il vient de tel ou tel monde, je ne le vois pas réagir au fur et à mesure qu'il me lit, et je suis donc contraint par la nature même de l'écriture de m'adresser à lui indépendamment de toutes ses particularités, sans pouvoir le prendre par ce biais. Je n'ai d'autre solution que de m'adresser à sa raison. Ou, du moins – car il y a une rhétorique de l'écriture aussi –, je suis ici moins prisonnier des pièges de la rhétorique et lui-même ne sera plus libre de juger mon propos. Il pourra le lire à son allure, le relire, s'assurer de sa cohérence en revenant en arrière, le comparer à d'autres, ce qu'on ne peut faire d'un discours qu'on entend.

• De plus, remarquons-le – quoique Kant n'en dise rien –, un texte écrit peut être lu deux mille ans après qu'il a été rédigé. Ainsi se constitue, affranchie des particularismes, une communauté de lecteurs universelle et spirituelle. Nos mœurs, nos coutumes, nos croyances, nos religions mêmes ne sont plus celles des Anciens, que nous pouvons lire d'une manière absolument humaine, quand la familiarité qui nous lie à nos contemporains repose peut-être sur les préjugés d'une génération qui n'intéresseront bientôt plus personne.

L'argumentation de l'opuscule

LE PROBLÈME : LE CERCLE

• Une fois la nature de la liberté de penser comprise, il semble impossible que l'humanité doive un jour sortir de la minorité où elle se trouve. Car les hommes endormis sont la proie facile des ambitieux, lesquels, sans pour autant s'éveiller eux-mêmes à la pensée, entretiennent le sommeil de l'humanité. Ainsi, de la minorité où les hommes demeurent par leur propre faute, résultent le despotisme et le cléricalisme, lesquels interdisent à leur tour aux hommes de sortir de leur état de minorité morale et intellectuelle. Il faut donc, pour comprendre comment les hommes pourront sortir de la minorité, se demander comment, une fois presque tous – et presque partout – sous le joug des tuteurs que sont les prêtres et les politiques, ils peuvent s'affranchir d'une telle sujétion et décider eux-mêmes de leur propre destin.

• La réponse kantienne, politique et religieuse, prend en considération l'histoire de l'humanité entière en tant qu'elle est un progrès vers le bien. Elle est une philosophie de la réforme politique et une philosophie de l'histoire comme progrès.

• Il y a ici un cercle vicieux qui fait de l'histoire humaine une tragédie. L'accomplissement de l'homme est la pensée libre de préjugé, et ce mode de pensée, seul fondement possible d'une Constitution et d'une vie politiques réellement libres, suppose que le despotisme n'étouffe pas toute tentative de libération. Il faut la liberté pour qu'il y ait république, il faut qu'il y ait république pour que la liberté paraisse ou soit cultivée. Il faut des citoyens libres, c'est-à-dire responsables, adultes, pour qu'il y ait une république, et il faut une république pour qu'il y ait des citoyens, c'est-à-dire pour que les hommes reçoivent l'instruction qui fait d'eux des hommes libres.

L'HISTOIRE : FRÉDÉRIC II

• La « solution » – boiteuse – est l'Histoire : le progrès des pratiques gouvernementales et des institutions vers la vraie liberté est extorqué d'abord par les intérêts les plus bas, sans qu'il faille supposer de la part des hommes et des princes en particulier une bonne intention.

• Ainsi, l'ambition de Frédéric II, nous l'avons vu, suffit à expliquer qu'il ait promu les Lumières dans ses États. C'est la passion qui pousse les hommes à cultiver la raison. Les nécessités de sa politique extérieure, liées à son ambition de faire de la Prusse une grande puissance, ont forcé le roi à faire de la liberté de pensée un moyen de son ambition. Il y a bien à la fois despotisme et commencement de l'*Aufklärung*, comme le dit, en 1784, *l'Idée d'une histoire universelle au point de vue cosmopolitique*: il n'y a donc pas, chez Kant, la moindre trace de paternalisme ou d'admiration pour le despotisme éclairé. Il ne dit pas que son siècle est le siècle des Lumières, mais le siècle où commence l'accession aux Lumières, et ce commencement, attribué en partie à Frédéric II, n'est pas le despotisme éclairé, mais la politique de limitation, par un roi éclairé, de son propre despotisme : Frédéric II n'est pas loué pour avoir été un despote, même éclairé, mais parce que, éclairé en effet, il a su de lui-même limiter son despotisme et permettre la libre critique de la législation et de l'Église.

• Ainsi, le progrès des Lumières dont parle l'opuscule de Kant consiste à limiter toujours davantage le despotisme du gouvernement, jusqu'à ce que le gouvernement devienne républicain – même si la Constitution ne change pas. Que Frédéric II ait contribué ou non à une telle libération, peu importe en un sens pour notre propos, puisqu'il demeure vrai que telle est la seule issue possible pour la liberté.

ARGUMENTATION ET POLÉMIQUE

• Comme toujours, Kant répond à ceux de ses lecteurs qui pourraient lui faire les objections les plus fortes. Il se place du point de vue de son adversaire et le prend au sérieux, c'est-à-dire lui donne toutes ses chances. La règle à la fois d'honnêteté et de logique qui commande l'argumentation philosophique est de s'appuyer non pas sur la faiblesse de son adversaire, mais sur sa force. On oublie généralement cette règle dès qu'on polémique au lieu de penser, c'est-à-dire dès qu'on pense contre quelqu'un au lieu de penser la chose même et de proposer des analyses.

• Le texte de Kant est un texte critique et non pas polémique, dont la force d'attaque contre les divers despotismes se mesure à la force de son argumentation et non à la violence avec laquelle il s'oppose à son contraire ou à l'adresse avec laquelle il proposerait des paradoxes propres seulement à éloigner du vrai le lecteur de bonne foi. Le paradoxe final[1] est proposé comme tel, et comme dû à la nature des choses. Kant écrit seulement pour la raison de son lecteur. Il veut qu'un lecteur impartial puisse le lire.

ARGUMENTATION GÉNÉRALE

• Il admet donc, avec les tuteurs qui veulent pérenniser leur despotisme, que les hommes, tels qu'ils sont, ne sont pas en état de se prendre en main et ainsi de vivre en république ou dans une véritable Église morale et non cléricale. Mais il ajoute que les « mineurs » sont dans un tel état, d'une part par lâcheté et d'autre part parce que les tuteurs les y ont maintenus : de telle sorte que l'argument selon lequel la nature humaine rend le despotisme nécessaire tombe.

• L'expérience qui nous montre en effet que les hommes sont incapables de se gouverner eux-mêmes et ont besoin d'être soumis au joug d'un despote, ne nous montre pas la nature humaine mais ce qu'elle devient sous le despotisme. Il y a donc une issue possible, qui consiste à mettre fin au despotisme pour laisser les hommes libres d'apprendre à exercer leur liberté.

APPRENDRE À MARCHER

• Toute l'argumentation de l'opuscule repose finalement sur une comparaison avec l'apprentissage de la marche. Au XVIIIe siècle, on affublait les petits enfants de chariots, sortes d'appareils à roulettes qui les maintenaient debout : on voulait ainsi leur apprendre à marcher en leur évitant le risque de tomber et de se blesser dangereusement. À la suite de Rousseau, au second livre de l'*Émile*, Kant réprouve un procédé de ce genre, qui ne peut que retarder inutilement et même dangereusement le moment où l'enfant saura marcher. Car il n'y a pas d'autre façon d'apprendre à marcher que de s'y essayer et de tomber lors des premiers essais, jusqu'à ce qu'on parvienne à se tenir soi-même debout. Loin de l'y aider, le chariot dispense l'enfant de se tenir, et l'enfant s'écroule quand on lui ôte cet instrument mécanique.

• De la même manière, il n'y a pas d'autre façon d'apprendre à penser que de se lancer dans la pensée. Il faut se jeter à l'eau, comme on dit. Que les premières tentatives soient l'occasion d'erreurs, c'est, comme pour la marche, un risque à

---

1. *Cf. supra*, texte de Kant, § 10, p. 17.

prendre, ou bien jamais on ne pensera par soi-même. La différence avec la marche réside en ce que les « instruments mécaniques » que sont rites, « préceptes et formules », et tout ce par quoi despotisme et cléricalisme tiennent la pensée en bride, peuvent empêcher définitivement un homme de penser, alors qu'il est rare qu'un enfant ne finisse pas par marcher, même lorsque ses précepteurs sont particulièrement incapables.

• Ce qui justifie la comparaison entre l'apprentissage de la marche et celui de la pensée, c'est que le premier aussi suppose la volonté. Se tenir debout, c'est se tenir et non être tenu. Il n'y a pas de pensée sans une certaine tenue, et cette tenue suppose la liberté. Dans un régime despotique et clérical, la pensée *est tenue*, comme on dit ; ne se tenant pas elle-même, elle ne peut qu'être « avachie ». Il suffira d'une inattention des tuteurs pour que tout s'écroule. On le voit, Kant ne fait que développer une comparaison contenue dans notre façon ordinaire de parler.

• La conclusion de la comparaison – c'est-à-dire la pensée que peut former tout homme qui va avec conséquence jusqu'au bout de ce que les mots les plus communs veulent dire – est qu'il n'y a qu'une façon d'apprendre à l'homme à penser : le laisser tenter lui-même la grande aventure, sans le tenir en laisse, sans lui imposer de croire, sous prétexte que son propre jugement lui occasionnera d'abord des erreurs.

MÛRIR EN LIBERTÉ POUR LA LIBERTÉ

1 • Une belle note de Kant

• « Je ne peux pas très bien me faire, je l'avoue, à cette expression dont usent des hommes fort avisés : tel peuple (supposé en train de mettre en œuvre une législation qui assure sa liberté) n'est pas mûr pour la liberté : les serfs d'un propriétaire terrien ne sont pas encore mûrs pour la liberté ; et, de la même façon, les hommes en général ne sont pas encore mûrs pour la liberté de croire. Dans une telle hypothèse, il n'y aura jamais de liberté ; car on ne peut mûrir pour la liberté si l'on n'a pas été préalablement mis en liberté (il faut être libre pour pouvoir, dans la liberté, se servir de ses facultés d'une manière appropriée). Les premiers essais seront sans doute grossiers, et généralement liés à un état plus pénible et plus dangereux que lorsqu'on était encore sous les ordres d'un maître en même temps prévoyant ;

mais on ne mûrit pour la raison jamais autrement que par ses propres tentatives (il faut qu'on soit libre de pouvoir les faire). Je n'ai rien contre ceci que les détenteurs du pouvoir, sous la contrainte des circonstances, renvoient encore loin, très loin, le moment de délivrer les hommes de ces trois chaînes. Mais ériger en principe que la liberté en général n'est pas bonne pour ceux qui se trouvent leur être soumis, et qu'on est justifié à les en éloigner pour toujours, c'est là une atteinte aux droits régaliens de la divinité elle-même, qui a créé l'homme pour la liberté. Il est certes plus commode de gouverner dans l'État, dans la famille et dans l'Église, quand on peut faire adopter un tel principe. Mais est-ce plus juste[1] ? »

2 • Qu'en retenir ?

• L'état d'asservissement des peuples, dont se plaignent les tuteurs, est réel, mais c'est aussi réellement leur produit, et ils le savent bien, eux qui ont tout intérêt à maintenir les hommes dans la minorité pour mieux régner sur eux. Si donc on libère d'un coup un peuple, la chute ne peut manquer d'être lourde et dangereuse, plus grave infiniment quand il s'agit des choses politiques et religieuses que lorsqu'il est seulement question d'apprendre à marcher, et d'autant plus catastrophique que le despotisme aura été plus fort et plus durable. Pourtant, il n'y a qu'un seul remède : ôter les obstacles, pour que les hommes reprennent courage et retrouvent le désir de penser par eux-mêmes. La seule issue est l'abolition du despotisme et du cléricalisme. Pour reprendre la comparaison avec l'apprentissage de la marche, il faut ôter tous les instruments mécaniques qui dispensent les hommes de penser et les empêchent ainsi de s'y essayer.

RÉFORME ET NON RÉVOLUTION

• Mais – et c'est là encore la même façon de répondre à l'adversaire en lui accordant tout ce qu'il est possible de lui accorder – il est vrai que les peuples asservis ne peuvent du jour au lendemain vivre comme des peuples majeurs (la liberté totale en matière de religion, par exemple, ce serait la superstition ; au lieu du clergé actuel, on verrait fleurir toutes les sectes possibles, avec plus de superstition encore que dans l'Église officielle, car c'est en matière de religion que la majorité est le plus loin d'être atteinte). Il y a réellement danger de chute, comme pour la marche, si l'on ôte d'un seul coup tous les obstacles, de telle sorte que

---

1. Note de Kant dans *La Religion dans les limites de la simple raison*, IV, 2, § 4 ; *AK*, VI, 188.

toute solution révolutionnaire se trouve exclue par Kant ; il remarque ainsi qu'une révolution peut renverser le despotisme sans transformer les modes de pensée, de nouveaux préjugés ne manquant pas alors de prendre le pouvoir[1]. Les obstacles ne peuvent donc être ôtés que peu à peu, et cela par la volonté des gouvernants, d'en haut, mais non par la violence d'une révolution ou d'un mouvement venant d'en bas – où il y a le moins de chance de trouver des hommes capables d'user de leur raison, comme nous l'avons vu.

• La raison est réformiste et non révolutionnaire en matière de politique. Et, il est important de le savoir, le même Kant qui considérait que toute révolution est illégitime et dangereuse savait que, si les réformes ne sont pas faites à temps, les hommes, étant donné leur disposition morale, leur exigence rationnelle de justice, le sens qu'ils ont par nature, en tant qu'ils sont des hommes, de leurs droits, ne manquent jamais de faire éclater des révolutions[2].

LA LIBERTÉ DE PUBLICATION

1 • La liberté de publication

• Quelle est la mesure fondamentale qui permettra de lever ensuite tous les autres obstacles ? La liberté de publication, parce qu'elle permet aux savants et aux hommes instruits de se lire les uns les autres. De toutes les libertés que les hommes ont à conquérir et que le gouvernement doit leur laisser prendre, la première, celle dont l'exercice et la garantie institutionnelle fondent toutes les autres, c'est la liberté de l'usage public de la raison. C'est à la fois le fondement de toutes les autres libertés humaines et la plus inoffensive, celle qu'on peut donner aux hommes sans risquer de renverser l'ordre établi et celle qui permettra l'obtention de toutes les autres par la voie de réformes.

• Que veut dire Kant ? Ce discours répond à la fois aux tuteurs despotiques (il faut montrer aux réactionnaires, qui trouveront cette requête exorbitante, que ce n'est pas trop) et aux esprits trop pressés, assoiffés qu'ils sont de justice (il faut leur montrer qu'ils vont tout gâcher par précipitation et que cette seule mesure

1. *Cf. supra*, texte de Kant, § 4, p. 9.
2. *Nachlasse* n° 8077, *AK*, XIX, donnée p. 246-255 ; aux Éditions Reclam, Emmanuel Kant, *Schriften zur Geschichtsphilosophie*, dont nous avons proposé une traduction dans les *Cahiers philosophiques*, n° 38, mars 1989, numéro spécial « 1789 », CNDP.

ouvre la perspective d'un progrès toujours plus grand). Si bien que personne ne sera satisfait du propos kantien. Pour le comprendre, reprenons l'argumentation à partir de la distinction qu'elle établit entre usage privé et usage public de la raison.

2 • La distinction kantienne de l'usage privé et de l'usage public de la raison

On considère d'ordinaire qu'un homme est totalement libre de proférer telle ou telle opinion en privé (par exemple chez lui ou avec des amis), mais que cette liberté est moindre en public ou lorsqu'il exerce un métier au sein d'une entreprise ou d'une institution quelconque ; du moins, on admet qu'il doit alors se montrer plus réservé. La vie privée est protégée de telle sorte que, dans le secret de la vie privée, la liberté trouve moins de limites qu'en plein jour, comme dans le cas d'une vie publique. C'est pourquoi le lecteur est généralement étonné de voir Kant, dans son opuscule, parler d'une limitation légitime de l'usage privé de la raison et prétendre que son usage public doit au contraire être totalement libre. Pourquoi cette sorte d'inversion – apparente – du sens des mots ? Pourquoi considérer comme *privé* ce que d'ordinaire on dit *public*, et inversement ?

L'USAGE PRIVÉ DE LA RAISON

• Kant appelle « usage privé de la raison » l'usage qu'un homme fait de sa raison dans sa fonction d'officier ou de fonctionnaire des finances, ou même de prêtre d'une Église. L'officier n'est pas un animal ou une machine, et c'est bien en faisant usage de sa raison qu'il exécute l'ordre qu'on lui donne. Il lui faut sa raison pour remplir sa fonction. Et plus il est capable d'user de sa raison, plus il est intelligent et compétent, mieux il remplit cette fonction. Ainsi, un particulier remplit une fonction publique (Kant utilise aussi ce terme en ce sens) en faisant usage de sa propre raison, et c'est cela que Kant appelle « usage privé de la raison », *privé* désignant ici l'usage qu'un homme fait lui-même de sa raison à un poste donné.

• Or, on voit immédiatement que cet usage de la raison est limité : il ne saurait s'étendre au-delà de l'exécution et, par exemple, aller jusqu'à la discussion du bien-fondé de l'ordre ou de la tâche à accomplir. Notre fonctionnaire, et tout homme qui doit remplir une fonction dans un cadre institutionnel quelconque une armée, une entreprise commerciale aussi bien (ce que, pour compliquer les choses, on appelle aussi entreprise privée...), travaille dans un cadre défini, celui de la fonction qu'il remplit, et il n'a pas à changer ce cadre de son propre chef, s'il est chargé de remplir une fonction. Vouloir changer de cadre au moment d'exécuter les ordres reviendrait au même que si l'équipier d'un navire, chargé de hisser les voiles, prenait tout seul la décision de faire autre chose.

• Les nécessités de la coopération des hommes à une tâche commune supposent à la fois l'usage de la raison et sa limitation. Il est impossible d'imaginer que, par miracle, chacun n'agissant que selon son propre jugement, tous agiraient réellement ensemble. Et quand bien même on aurait un système de définition des tâches par délibération de tous les hommes qui participent à l'opération, il faudrait au moment de l'exécution que chacun fasse ce qui a été décidé, sans discussion. Aucune vie commune n'est possible si n'est pas respectée la règle élémentaire qui veut que chacun remplisse d'abord sa fonction, là où il se trouve.

• Du côté de l'organisation politique de l'État, s'il est vrai qu'elle n'est pas du même ordre que celle d'une entreprise ou de toute institution remplissant une tâche technique, il n'empêche que les institutions politiques sont faites pour qu'un grand nombre d'hommes puissent agir ensemble, c'est-à-dire d'une seule volonté, unanimement ou, plutôt, comme on ne peut consulter chacun à chaque instant sur tout, comme s'il y avait unanimité. C'est pourquoi Kant parle d'une « unanimité artificielle », imposée donc, et non émanée par miracle de chacun des individus qui composent l'État. Il n'y a pas de corps commun, d'État, sans l'obéissance à un pouvoir politique suprême et irrésistible. Tels sont les fardeaux inévitables de l'état civil[1].

L'USAGE PUBLIC DE LA RAISON

• Au contraire, en tant qu'homme, tout citoyen peut mettre en cause la stratégie du général, y compris notre officier, cela non plus en tant qu'officier remplissant sa fonction (car, à ce compte, l'armée serait dissoute) mais en tant qu'être raisonnable, c'est-à-dire en tant qu'il est par nature capable de juger et de savoir. Il ne le fera donc pas quand le général lui donne un ordre mais dans un article de journal. Tout homme en tant qu'homme peut demander une redéfinition des tâches ou des fonctions qui sont confiées à lui-même ou à d'autres, mais il ne saurait faire la

1. Jamais Kant ne se fait d'illusions sur la condition de l'homme social ; *cf. supra*, p. 54-55.

critique du fonctionnement de telle institution ou de telle entreprise en tant qu'il remplit une fonction ou une tâche, en tant qu'exécutant.

• S'il s'agit de l'organisation de l'État, le citoyen peut exprimer publiquement dans un journal ou une revue l'idée qu'il se fait de ce qui améliorerait cette organisation. Je peux, sans que nul n'ait le droit de limiter en ce cas ma liberté, exposer publiquement mon jugement sur la loi fiscale en France, la dire injuste, pourvu que, en tant que contribuable, je paye mes impôts comme le veut la loi actuelle dont je demande le changement. Et si, en outre, je suis fonctionnaire des finances, j'ai à faire usage de ma raison dans l'application de cette loi sans faire valoir, dans le cadre de mes fonctions, mon jugement sur elle.

• L'usage public de la raison correspond donc simplement à ce qu'on appelle la liberté d'expression et la liberté de la presse. Tout homme est libre de *publier* – *public*, *publicité*, c'est, dans ce contexte, la même chose que *publication*, débat public, etc.

LOI SACRÉE ET RÉFORMABLE

• La loi de l'État, la Constitution par laquelle un État est un État, est sacrée et inviolable. Prétendre qu'on peut ou qu'on a le droit de s'y opposer, de désobéir à la loi en général, c'est ruiner l'état de droit et revenir à l'état de nature, où la violence seule règle les rapports des hommes, chacun ne pouvant alors faire valoir son droit que par ses propres forces et selon son propre jugement.

• Mais cette obligation d'obéissance à la loi – et c'est cela le caractère sacré des lois, sans lequel la loi n'est rien, sans lequel il ne peut y avoir que le despotisme (la loi sans la liberté, la loi seulement imposée par la force) ou la barbarie –, cette obligation absolue ne signifie pas que les lois sont telles qu'on ne peut les améliorer ou que la Constitution est parfaite.

• Au contraire, une Constitution qui affirmerait qu'on n'a pas le droit de la réformer et ne prévoirait pas de mesures de réforme légale serait despotique et contraire aux droits de l'homme. Même s'il est vrai qu'il n'y a pas lieu de changer de Constitution et de lois tous les jours, le caractère sacré des lois n'exclut nullement que nous ayons le droit et même le devoir de les critiquer. Un homme libre et raisonnable peut parfaitement considérer et affirmer publiquement que la Constitution actuelle de la France, par exemple, n'est pas assez républicaine.

LE SIÈCLE DE LA CRITIQUE

• Voilà pourquoi une prise de parti comme celle de Kant pour les Lumières plaît rarement au pouvoir en place. Le terme d'*Aufklärer* qui désigne non pas tant l'homme éclairé que le propagateur des Lumières[1], est employé par les autorités politiques ou religieuses en un sens péjoratif : pour elles, en effet, la propagation des Lumières menace l'ordre public ; elle pousse les hommes à raisonner sur tout et à mettre en péril les fondements de l'État et de la religion, puisque, pour la raison critique du siècle, il n'y a rien de sacré.

• Que rien ne doive échapper à la critique, Kant l'avait dit en 1781 dans la première préface de la *Critique de la raison pure* : « Notre siècle est proprement le siècle de la critique, à laquelle il faut que tout soit soumis. La religion, par sa sainteté, la législation, par sa majesté, veulent ordinairement s'y soustraire. Mais alors elles éveillent contre elles un juste soupçon et ne peuvent prétendre au respect sans déguisement que la raison accorde seulement à ce qui a pu soutenir son libre et public examen[2]. »

• Examen, c'est interrogation, épreuve, mise à la question. La question posée dans les années 1780 est donc de savoir si le « libre et public examen » par la raison de toute chose, y compris de la législation et de la religion, menace la paix civile. Nous avons compris la réponse : que les hommes aient le droit de raisonner sur tout et d'exprimer publiquement leurs pensées non seulement ne ruine pas l'État et l'Église, mais est le seul moyen d'assurer un ordre politique qui repose sur le consentement libre, sur la volonté, et ne soit pas à la merci de la moindre épreuve de force. Est-il si difficile de comprendre que s'allient la critique radicale et l'obéissance sans révolte, la liberté d'esprit la plus complète et le refus de tout droit de résistance ?

• L'expérience montre que l'on rencontre des esprits libres et non conformistes chez des hommes qui remplissent leur fonction sans contestation, et, généralement, le plus plat conformisme et la servilité de pensée la plus grande chez des hommes qui contestent tout et refusent de remplir une fonction dans l'État. Mais sans doute la difficulté de sa position fera-t-elle que, parmi ses lecteurs, les uns trouveront que Kant prône une obéissance servile, les autres un esprit critique dangereux : ils refuseront de méditer le paradoxe qui finit son article.

---

1. *La Religion dans les limites de la simple raison*, II, début, « Lumières, terme dont on se moque… », *AK*, VI, 69. *Cf. Le Conflit des facultés* (donc toujours après la mort de Frédéric II), VIII ; *AK*, VII, 89.
2. *Cf. infra*, fiche 6, p. 88.

Les Lumières et la république

Nous sommes maintenant en mesure de comprendre pourquoi les fondateurs de la Troisième République, en France, voyaient en Kant un penseur du républicanisme.

LE PUBLIC DES LECTEURS

1 • Qu'entendre par public?

• La liberté de publication ne touche qu'un public restreint d'hommes capables d'écrire (même s'il ne s'agit pas d'écrivains au sens littéraire du terme ou de poètes) et de lire ; aujourd'hui encore, elle serait loin de concerner tout le peuple : qui, en effet, lit vraiment, et peut participer à un dialogue dont le seul support est l'écriture ? Or, ce public qui ne compte qu'une partie du peuple est « le public au sens propre[1] », tandis que la réunion des fidèles du prêtre, « domestique » (on pourrait traduire « une réunion de famille »), est une réunion privée ; et Kant ajoute, montrant ainsi qu'il assume cette contradiction : « quelle que soit son ampleur ».

• Le monde des lecteurs peut être composé d'un beaucoup plus petit nombre d'hommes que l'Église du prêtre, c'est pourtant le plus grand nombre qui ne mérite pas le nom de public et qui est considéré comme une société restreinte et particulière, privée. Le public n'est pas le peuple mais l'ensemble des hommes éclairés ou du moins en train de s'éclairer. Une telle position ne manquera pas de passer pour scandaleuse. Que voulait dire Kant pour appeler « réunion privée » une assemblée beaucoup plus nombreuse que le monde restreint des lecteurs auquel il réserve le nom de « public » ? Voilà en tout cas un bel exemple de paradoxe philosophique, et c'est ce qui rend généralement perplexe le lecteur de cet opuscule.

2 • Ne pas s'ériger en conseiller du peuple !

• L'espace de liberté dont Kant demande l'ouverture est d'abord limité, et s'accroîtra avec le nombre des lecteurs au fur et à mesure du progrès des Lumières : mais il est trop tôt pour considérer cet aspect de la question, qui pourrait rassurer trop vite. Pourquoi appeler « public » seulement l'ensemble des hommes instruits ?

1. *Cf. supra* texte de Kant, § 5, p. 11.

• Il importe de distinguer ici le **peuple**, en tant qu'il est composé d'ignorants, et le **public instruit**, parce que, sans cela, s'adressant au peuple, les savants et les philosophes parleront non plus entre savants, apportant à leurs égaux des raisons et soumettant des analyses à leur jugement, mais deviendront inévitablement des démagogues : ils chercheront à persuader des hommes dont l'ignorance fait des proies faciles. Il ne s'agit même pas, pour les plus savants, de s'adresser au peuple pour l'instruire, car c'est là la tâche d'une école et ce n'est pas par les débats publics sur les affaires de l'État et la religion que peut commencer l'instruction : il faut déjà être instruit pour mener à bien ce genre de discussion difficile. Vouloir s'ériger en éducateur du peuple, c'est à coup sûr commencer une carrière de démagogue.

• Risquons ici une remarque polémique, ou, du moins, soumettons une question au jugement des lecteurs déjà avancés dans la réflexion : ceux qu'on appelle depuis maintenant un siècle les « intellectuels » ne se sont-ils pas discrédités justement parce que, au lieu de s'adresser au public au sens propre – kantien – du terme, ils ont cherché à parler au peuple pour le persuader, risquant ainsi de perdre toute rigueur et même toute honnêteté intellectuelle ? La volonté légitime de populariser les Lumières peut conduire à les dénaturer.

LE PHILOSOPHE ET LE POUVOIR

1 • La question du philosophe roi

• Pour la même raison, le philosophe ne saurait vouloir devenir roi ni même conseiller du prince. Et, sur ce point, Kant est moins loin de Platon qu'il ne paraît : « Il ne faut pas s'attendre à ce que les rois deviennent philosophes et les philosophes rois. Et ce n'est pas souhaitable non plus, car détenir le pouvoir corrompt inévitablement le libre jugement de la raison. Mais que des rois ou des peuples-rois (qui se gouvernent eux-mêmes d'après des lois fondées sur l'égalité[1]) ne fassent pas disparaître ou se taire la catégorie des philosophes, mais la laissent parler publiquement, voilà qui est indispensable aux uns comme aux autres pour

1. C'est la même chose que ce que Kant appelle *Freistaat* (« État libre »), au § 10 de son texte (*supra*, p. 17). Dans un « peuple-roi » ne règne pas un roi détenteur du pouvoir législatif, c'est le peuple même qui détient le pouvoir législatif. S'il détient aussi (au lieu qu'il soit entre les mains d'un représentant) le pouvoir exécutif, c'est une démocratie despotique.

apporter quelque lumière (*Beleuchtung*) dans leurs affaires ; et comme cette catégorie est par nature incapable de former des factions ou de se constituer en clubs, elle est libre de tout soupçon de propagande[1]. »

• Il y a peut-être là plus d'ironie qu'il n'y paraît à première vue. Les philosophes en tant que tels ne sauraient en effet que philosopher et parler le langage de la philosophie, c'est-à-dire de la raison, qui exclut toute forme de propagande. La propagande repose sur la volonté, non pas de montrer ou de donner à voir, c'est-à-dire à comprendre, celui à qui l'on s'adresse demeurant libre de juger et entièrement actif, mais sur la volonté de l'emporter coûte que coûte ; il s'agit de persuader par autre chose que des raisons [2]. La rhétorique, alors, extorque l'adhésion des foules en s'appuyant sur les préjugés et les passions. L'orateur doit promettre ou faire peur. Il lui faut plaire en disant au peuple ce qu'il attend et non ce qui est. Philosopher, c'est au contraire s'adresser en l'homme à son libre jugement et exclure d'avance toute forme de pression ou de séduction.

2 • Le philosophe n'a même pas à devenir conseiller du prince

• « De même, l'usage public de la raison ne s'adresse pas au gouvernement comme tel mais seulement dans la mesure où ses membres appartiennent au public qui lit[3]. » Philosophes, savants, hommes éclairés n'ont pas à s'adresser personnellement aux hommes d'État ni à fréquenter les allées du pouvoir. Ils n'ont d'autre ressource que d'espérer que les hommes de pouvoir les lisent ; ils ne peuvent exiger ni même désirer aucune part du pouvoir et des honneurs, ni quelque prestige social que ce soit. Mondanités et meetings sont de ce point de vue une seule et même chose. Alors les hommes éclairés ne contribuent plus à faire que la raison gouverne le monde, mais c'est leur propre pouvoir qui s'affirme, pouvoir d'un homme ou d'une coterie.

• Il y a, certes, une rhétorique de l'écrit, mais, nous l'avons vu, elle laisse le temps de la réflexion. Et surtout, la parole suppose un contact personnel, une présence physique des interlocuteurs, tandis que l'écriture sauve du jeu des relations humaines, et d'abord de la séduction ou des amitiés qui ne sont pas raison. Ainsi

1. *Projet de paix perpétuelle* ; seconde adjonction, article secret en vue de la paix perpétuelle *AK*, VIII, 369, Presses universitaires de Lyon.

2. *Cf. supra*, fiche 2, p. 58.

3. Joël Wilfert, *L'Enseignement philosophique*, septembre-octobre 1987.

le philosophe peut bien recevoir à sa table des amis, mais il ne saurait dîner en ville avec les hommes influents.

TEMPOREL ET SPIRITUEL

1 • La nature du pouvoir spirituel

• Peut-être la distinction du temporel et du spirituel – distinction classique mais qui ne figure pas chez Kant dans ces termes – permet-elle ici de voir plus clairement la difficulté. Cette séparation signifie que le philosophe et le savant ne doivent pas avoir comme tels de pouvoir. S'il veut éclairer le peuple mais, pour cela, cesse de parler en savant à des savants, il est inévitable, nous l'avons vu, que le philosophe se comporte en politique plus qu'en homme éclairé et que, au lieu de faire que les Lumières soient visibles des politiques eux-mêmes, il devienne lui-même un homme de pouvoir: des « intellectuels » parfois assoiffés de justice oublient de maintenir rigoureusement la séparation du temporel et du spirituel, renforçant ainsi les despotismes et éloignant l'humanité des Lumières. L'écriture garantit la spiritualité du pouvoir spirituel que les relations du philosophe avec le roi ou le peuple-roi « temporalisent » inévitablement.

• C'est que le pouvoir spirituel n'est pas pouvoir dans le même sens que le temporel. Le gouvernement de la raison n'admet en effet comme tel aucune contrainte, aucun exercice de la force[1]. Il n'est pas contraire à la raison que le droit soit garanti et appliqué par la force, ou bien le droit est sans effet. Mais ainsi le droit n'est pas la moralité intérieure, il n'est que l'extériorité de la raison pratique: la moralité, c'est l'intériorité, et la moindre pression signifie sa mort. Vouloir que la raison gouverne, c'est donc concevoir un règne de la liberté où chacun, n'obéissant qu'à sa raison, s'accorderait de lui-même avec les autres. Ainsi, le pouvoir spirituel de Dieu dans le règne des fins ne suppose aucune police ni aucune sanction. Règne de la grâce, disait Leibniz.

• Le pouvoir politique, au contraire, appartient encore au règne de la nature; il n'est pas seulement moral, il est aussi physique. Si l'on veut donc que le règne de la

1. *La Religion dans les limites de la simple raison*, III, I, 1 ; *AK*, VI, 96: où il est dit qu'un législateur qui voudrait imposer par la contrainte une constitution (religieuse) dont la fin serait morale, non seulement irait à l'encontre de cette fin, mais saperait la constitution politique.

raison ait une influence sur le pouvoir temporel, il faut à tout prix éviter de « naturaliser » ou de « temporaliser » la raison. L'homme qui dit la vérité ne peut qu'espérer qu'il sera écouté et compris, il ne peut même seulement désirer qu'on lui donne des troupes ou quelque pouvoir temporel que ce soit, par exemple un micro pour se faire entendre. Voilà pourquoi il n'a à exiger que la liberté d'être publié : ceux qui exercent le pouvoir ou une part du pouvoir le liront, s'ils le veulent. Il n'a même pas à rêver de les rencontrer pour les persuader de vive voix, car tout serait perdu. La notion en apparence contradictoire de pouvoir spirituel signifie que l'esprit est d'autant plus fort qu'il est plus faible, d'autant plus puissant qu'il est désarmé.

2 • La séparation du temporel et du spirituel

• Que signifie la séparation du temporel et du spirituel ? Qu'il y a une signification non seulement juridique mais morale du droit lui-même, c'est-à-dire qu'il y a une libre obéissance à la loi comme telle, obéissance sans contrainte, respect intérieur et non pas seulement extérieur, comme dit le brouillon du *Conflit des facultés*[1], sans lequel aucun droit n'est possible – ni aucun État ne peut même exister. Sans autorité morale, il n'y a de pouvoir que despotique, à la merci de révoltes et de révolutions. Si donc, à un moment donné de l'Histoire, il n'y a pas de pouvoir spirituel, cela veut dire que le temporel se l'est complètement subordonné[2].

• De plus, imaginer que le peuple et le public soient enfin une seule et même chose, c'est-à-dire que tous les hommes soient effectivement éclairés, de telle sorte que chacun ne soit plus gouverné que par sa raison, c'est considérer qu'il n'y a plus besoin de pouvoir temporel – de pouvoir contraignant –, c'est s'imaginer que le règne des fins – le royaume de Dieu – est déjà réalisé sur la Terre. Illusion dramatique car elle fait passer pour raisons les opinions d'un peuple à un moment donné de son histoire : c'est confondre tel peuple empirique et l'humanité, c'est imposer à l'humanité entière les préjugés d'une époque.

• La limitation du public à un petit nombre d'hommes instruits et cultivés, par sa rigueur même, sauve l'universel. Et puisqu'il s'agit là du public au sens strict, sans limitation d'espace et de temps, ce que seule l'écriture rend en effet possible,

1. La référence de ce texte est donnée plus haut, note 2, p. 65.

2. Auguste Comte, *La Science sociale*, Gallimard, coll. « Idées », 1972. Comte permet aussi de voir si, oui ou non, les médias sont l'anéantissement de tout pouvoir spirituel et l'assujettissement du monde entier à l'opinion.

l'universel est bien la vérité et la réalité de l'humanité tout entière, tout au long de son histoire.

DÉMOCRATIE ET RÉPUBLIQUE

1 • La limitation du propos de Kant

- Le public ne se définit pas par le nombre des hommes qui le composent, mais par leur instruction. Il constitue une sorte de communauté scientifique ou de république des savants. N'est-ce pas revenir au despotisme des clercs ? Les gouvernants doivent-ils prendre en compte les jugements des hommes éclairés, ou, démocratiquement, comme on dit aujourd'hui, l'avis du peuple entier ?

- La définition kantienne du public n'est pas démocratique mais républicaine. C'est ce qui fait la plus grande difficulté pour des lecteurs qui n'imaginent pas une seconde qu'on puisse mettre en cause l'idée d'une démocratie selon l'opinion, c'est-à-dire l'idée d'un gouvernement fondé sur la loi du nombre. Il paraîtra même qu'il y a ici une contradiction dans les propos de Kant, puisque, d'un côté, il ne prend en compte que l'avis de quelques-uns (celui du public éclairé) et que, de l'autre, il écrit que ce qu'un peuple ne peut vouloir lui-même, ses gouvernants ne peuvent légitimement le décider pour le peuple.

2 • Une démocratie despotique

- Pour comprendre ce que veut dire Kant, remarquons qu'il peut arriver qu'un peuple donné, s'il est consulté, prenne à l'unanimité une décision contraire à son intérêt et surtout aux droits de l'homme.

- Ainsi, malgré Socrate et quelques rares opposants, le peuple athénien réuni décida un jour de juger collectivement – la loi imposant pourtant qu'on les juge séparément – les amiraux vainqueurs des Spartiates à la bataille des Arginuses, sous prétexte qu'ils n'avaient pas ramassé les morts (la tempête les en avait empêchés). Ces amiraux ayant été condamnés à mort et exécutés, Athènes perdit la bataille navale suivante. Voilà l'exemple d'une décision démocratique où le peuple bafoue les droits de l'homme et se trompe sur son propre intérêt, et cela en ayant fait prévaloir l'opinion du plus grand nombre sur la loi.

- On le voit donc, si l'on entend par gouvernement démocratique un gouvernement qui suit l'opinion du plus grand nombre, ce peut être un régime despotique, contraire aux libertés fondamentales. Qu'un très grand nombre opprime un tout petit nombre n'est pas plus juste que le cas inverse, où un tout petit nombre opprime le plus grand nombre. La croyance selon laquelle le gouvernement de la majorité est le plus juste n'a aucun fondement. La question est de savoir s'il peut y avoir un gouvernement à la fois démocratique et républicain, c'est-à-dire tel que le principe des décisions soit la loi, dans son universalité, et non pas l'humeur majoritaire du moment. Kant, qui connaissait l'histoire des démocraties antiques, où le peuple assemblé détenait tous les pouvoirs, considérait qu'un régime démocratique est inévitablement despotique.

LA VOLONTÉ DU PEUPLE

1 • L'intérêt général

- Ainsi, lorsqu'il parle de décisions qu'un peuple peut prendre pour lui-même, Kant ne parle pas de tel ou tel peuple donné, de telle nation historique et des décisions qu'il lui arrive de prendre. Ces décisions de fait peuvent précisément être contraires à ce qu'un peuple déciderait pour lui-même s'il prenait une décision juste.

- Il veut dire que tout homme d'État ou tout citoyen, lorsqu'il veut savoir si telle décision est bonne ou mauvaise, n'a qu'à se demander si le peuple tout entier pourrait la vouloir pour lui-même – et celui qui s'interroge ainsi verra alors s'il juge ou non en fonction de son intérêt particulier de gouvernant ou, s'il n'est qu'un simple particulier, de son intérêt particulier de professeur de philosophie, de vigneron, de marchand ou de ce qu'on voudra. C'est ici la raison qui tranche et non le nombre des voix.

2 • Le sens du vote

- Un vote à la majorité n'a de sens qu'à condition que l'on puisse supposer les votants capables de prendre en considération l'intérêt général. Car si chacun ne vote qu'en fonction de son intérêt particulier, la somme des suffrages donne une décision qui ne représente pas l'intérêt du peuple, mais une alliance d'intérêts particuliers dominants (il ne faudrait pas dire « majoritaires », ce qui – il est essentiel de le comprendre – ne signifie pas « plus nombreux » : on voit comment le mauvais usage d'un terme exprime parfois à lui seul toute une idée de la politique ; il en va de même pour le mot « minorité ») à un moment donné, au détriment de quelques autres, nécessairement lésés dans ce marchandage.

• Chacun étant supposé chercher l'intérêt général, les différences d'avis n'étant plus fondées sur des divergences d'intérêt, on peut considérer que la décision prise à la majorité ne lèse pas la minorité. Où l'on voit qu'un vote est par sa nature même le contraire d'un sondage d'opinion. Qu'une enquête statistique cherche quelle couleur telle catégorie de population préfère pour tel vêtement, rien n'est plus légitime. Le citoyen vote en fonction de l'idée de l'intérêt général, il n'est plus citoyen s'il se contente de dire ce qui lui plaît.

3 • Une décision républicaine bien que n'étant pas démocratique

• Si le républicanisme n'est pas la loi du nombre, on peut concevoir qu'un despote, seul détenteur du pouvoir (qui ne consulte jamais le peuple), qui donc détient le pouvoir législatif aussi bien que l'exécutif, prenne une décision républicaine[1], c'est-à-dire conforme à l'intérêt du peuple. On peut même imaginer le cas où il aurait contre lui l'opinion du plus grand nombre, comme il arrive pour les décisions qui demandent du courage.

• En 1784, par exemple, une réforme politique est possible : non seulement ce n'est pas une révolution renversant l'État par la violence, mais il n'y a pas lieu de commencer par changer la Constitution monarchique en vigueur pour mettre en place une Constitution républicaine (où le peuple retrouverait son pouvoir législatif, où les sujets seraient des citoyens) ; cette réforme peut et doit être entreprise dans le cadre des institutions par le roi et son gouvernement. Mais elle suppose que commence à régner l'esprit républicain, c'est-à-dire les Lumières.

4 • La citoyenneté

• Voilà pourquoi Kant considérait comme essentiel que se forme peu à peu un public instruit qui, du seul fait de la liberté d'expression, fasse progressivement régner l'esprit républicain dans tout un peuple et sur ses gouvernants ; et il voyait là quelque chose de plus fondamental encore qu'un changement constitutionnel.

• C'est qu'il n'y a de république que par la volonté de républicains, par leur lucidité et leur vertu. Il ne sert à rien de donner au peuple tous les pouvoirs, d'en faire un peuple-roi[2], selon l'expression du *Projet de paix perpétuelle* que nous avons citée, ou un État libre, selon les termes de l'opuscule de 1784, si tous les préjugés

---

1. *Le Conflit des facultés*, II, 6, 2e note. *Cf. supra*, fiche 4, p. 60-61, sur le roi.
2. *Cf.* note 1, p. 71.

et les corruptions qui sont liés au despotisme ne sont pas déjà extirpés. On sait que Rousseau[1] portait le même jugement sur la monarchie française, considérant que l'état de corruption de la France – autour de 1760 – était tel que la seule introduction du scrutin entraînerait un bouleversement qui renverserait tout l'appareil de l'État et aggraverait la situation.

L'IDÉE COSMOPOLITIQUE[2]

La république est d'abord un **esprit**, un mode de penser, avant d'être un certain type d'institutions[3], et le progrès des Lumières peut seul faire régner cet esprit. Cette idée, qui résume toute la philosophie politique de Kant, trouve son expression dans l'idée de public.

1 • Le citoyen du monde

Un tel public est en effet composé, non pas simplement de citoyens, mais d'hommes, c'est-à-dire d'êtres raisonnables dont les jugements sont indépendants de toute considération seulement nationale. L'homme qui appartient à un tel public y figure non pas en tant que « partie de la machine » qu'est l'union civile, mais en tant que « membre d'un corps commun entier, et même de la société cosmopolitique, par conséquent en qualité de savant qui s'adresse par des écrits à un public au sens propre »: non pas seulement en tant que citoyen de tel État, mais en tant que citoyen du monde, citoyen d'une République universelle, supérieure à toute communauté réelle historique ou de fait.

2 • L'humanité

- Tel est peut-être l'essentiel de la leçon que donne notre opuscule: l'universel, l'humanité elle-même, au sens le plus fort du terme, ne se réduit pas à tel groupe d'hommes, quel que soit leur nombre, quand bien même il compterait tous les peuples de la terre aujourd'hui présents et tous ceux d'autrefois. Leurs jugements

---

1. *Cf. Jugement sur la polysynodie de l'abbé de Saint-Pierre,* in *Œuvres*, Gallimard, coll. « Bibliothèque de la Pléiade », t. III, p. 638.

2. **Cosmopolitique** : *cf.* Glossaire, p. 12.

3. B. Bourgeois, « L'idée de république universelle », *Philosophie politique*, n° 4, PUF, novembre 1993, p. 173 : « [...] le républicanisme est, en tant qu'affirmation juridico-politique de la raison universelle, plus fondamentalement qu'une structure ou une constitution, un esprit. »

n'engagent pas la postérité, qui doit pouvoir à son tour prendre elle-même ses décisions. Toute unanimité est relative au nombre des présents et ne compte que quelques hommes qui sont peu de chose comparés à l'ensemble des hommes passés, présents et à venir. Même l'unanimité des hommes d'hier et d'aujourd'hui ne suffit pas.

- C'est pourquoi aucune décision de fait ne peut se donner comme définitive. Les droits de l'homme sont quelque chose de plus que ceux du citoyen, et ceux du citoyen ne sont des droits qu'en tant qu'ils permettent la réalisation des droits de l'homme, de l'humanité de l'homme. Dès que les droits du citoyen sont tenus pour les seuls droits, c'est la fin de tout état de droit. Toute tentative de résorption des droits de l'homme dans ceux du citoyen est par nature despotique.

- L'idée d'une République universelle, cosmopolitique, supérieure à toute république particulière, comprenant non seulement celle d'une Société des Nations assurant la paix entre les États, mais une République universelle des esprits éclairés, est donc essentielle et comme la clef de voûte de la réflexion politique.

L'UNIVERSEL

1 • Le sens de l'universel et le souci de l'avenir

- Seule la compréhension du vrai sens de l'universel permet de prendre la mesure de l'importance accordée par Kant à la liberté d'écrire. L'usage public de ma raison est celui que j'en fais en tant qu'homme qui s'adresse aux hommes en tant qu'hommes – et non en tant que fonctionnaires, citoyens d'un État ou même coreligionnaires. Car l'État ou l'Église ne sont jamais qu'un État ou une Église, c'est-à-dire des associations particulières qui ne comprennent pas toute l'humanité. Toute Église historique est particulière et non universelle – *universel* se dit en grec *catholique*.

- Au contraire, quand je parle en tant qu'homme, je m'adresse à tous les hommes, à la postérité, et pas seulement à mes voisins ; c'est ce que voulait dire Malebranche lorsqu'il intitulait une de ses œuvres *Entretien d'un philosophe chrétien avec un philosophe chinois sur l'existence et la nature de Dieu*. Ne confondons pas unanimité et universalité, accord de fait entre quelques hommes, si nombreux soient-ils, et compréhension de la vérité par le jugement libre de la raison.

• Aussi Kant maintient-il toujours de manière strictement rigoureuse, explicitement, la différence entre l'*humanité empirique* (donnée, historique) et l'*humanité intelligible et totale* (elle n'existe qu'en idée). Il faut maintenir cette différence pour que la critique de l'humanité donnée soit toujours possible. Sans cette idée, l'humanité empirique, figée dans l'état où elle se trouve, disparaît dans la servitude ; elle perd son humanité. L'homme est le seul être de la nature dont la réalité ne se réduit pas à ce qu'il se trouve être à un moment donné, en un lieu donné. La réduction à ce qu'il est l'anéantit dans l'instant (et c'est pourquoi il ne peut être objet de science).

• L'humanité se définit donc essentiellement par le progrès des Lumières, par la possibilité qu'elle a de voir toujours plus clair et de ne pas rester enfermée dans les représentations insuffisantes qu'elle peut avoir de son propre bien : « Une époque ne peut pas se liguer et jurer de mettre la suivante dans un état où il lui serait nécessairement impossible d'étendre ses connaissances (principalement celles qui sont du plus haut intérêt), de se débarrasser des erreurs et, d'une manière générale, de progresser dans les Lumières. Ce serait un crime contre la nature humaine, dont la destination originelle consiste justement dans ce progrès. »

2 • La transcendance de l'universel

• Ainsi, chez Comte, la fonction du Grand Être – c'est le nom qu'il donne à l'humanité – a le même sens que la transcendance de Dieu chez Descartes, par exemple. C'est la transcendance de l'universel sur le social et la communauté réelle, religieuse ou même scientifique. Sans cette transcendance de la raison, il n'y a pas de liberté individuelle possible, car chacun, si la raison n'est pas supérieure à toute association de fait, se trouve assujetti à l'opinion du groupe où il se trouve intégré

• L'universel signifie qu'il y a quelque chose qui transcende tout homme empirique et toute communauté donnée, toute opinion particulière ou toute représentation collective, ce qui veut simplement dire que la vérité ne dépend pas de l'opinion des hommes, ni de la mienne ni de celle d'une société, ou, pour parler cette fois comme Platon, que l'homme n'est pas la mesure de toute chose. Il ne dépend pas de notre avis que ceci ou cela soit vrai ou ne soit pas vrai ; et nous l'admettons tous s'il s'agit de l'existence des choses du monde extérieur, par exemple de ce livre, que nul ne prend pour une simple représentation collective imposée par telle ou telle culture (comme si les Chinois ne pouvaient être assurés de son existence).

• L'affirmation d'une norme transcendant toute norme sociale et historique nous donne la liberté de ne pas croire les prêtres et les politiques, et l'on comprend ainsi que, sans cette norme, il n'y a pas de liberté possible : c'en est fini de l'individu comme personne. Nul n'est homme, c'est-à-dire libre, en tant qu'il se réduit à ce que fait de lui telle société donnée, mais en tant qu'il appartient à l'humanité universelle.

« L'UNIQUE PALLADIUM »

• Le citoyen d'un État doit obéir à la loi de son pays. Mais il ne vit en république que s'il peut, par ses écrits, constituer avec les hommes libres et éclairés des autres pays un public universel, c'est-à-dire une communauté de savants, libres, en tant que savants, de tout ce qu'il peut y avoir de particulier dans les intérêts nationaux.

• Ainsi, la question se pose de savoir si ce qu'on appelle aujourd'hui la « communauté scientifique » possède cette liberté, ou si elle en est encore loin, les savants étant tributaires, pour réaliser leurs travaux et choisir leur orientation, de budgets et de décisions décidés par des ministères dont l'objectif n'est pas la vérité mais la puissance économique et militaire de l'État. Notre monde n'est pas conforme aux exigences de Kant, qui ne sont pas si étriquées qu'on le croit parfois.

• Voilà pourquoi le droit de publier ou d'écrire est bien « l'unique palladium[1] des droits du peuple », c'est-à-dire la garantie ultime et absolue de ces droits, le rempart de la liberté, ce qui assure le respect des droits et le progrès de la liberté et des droits. L'insistance de Kant sur le fait qu'un tel droit ne nuit pas à l'ordre public ne doit pas nous rendre aveugles à l'essentiel : un tel droit permet l'obtention de tous les autres, il permet le progrès des Lumières, c'est-à-dire l'extension progressive du public instruit, processus indéfini dont l'asymptote est l'identité de la masse (ou du peuple) et du public.

---

1. *Théorie et Pratique*, Hatier, p. 65, II, § 23 (ouvrage épuisé, à consulter ou à télécharger sur www.ac-grenoble.fr/PhiloSophie). Le **palladium** était la statue de Pallas (Athéna), considérée par les Troyens comme le gage de la conservation de leur ville ; par extension, on appelait ainsi tout objet considéré comme protégeant une ville (à Rome, le bouclier sacré).

L'OPPOSITION PERMANENTE

1 • S'opposer à l'oppression est un droit

Au véritable savant, au philosophe, de s'opposer, au sein de l'Université – et Kant demande en 1798 que ce droit d'opposition soit garanti par la loi et respecté par le gouvernement –, à ceux qui, utilisant la superstition du peuple, prétendent avoir un pouvoir magique, que ce soit celui du prêtre, du médecin, ou du savant en général ; c'est aussi bien un droit de s'opposer aux observances liées à cette superstition, c'est-à-dire de publier des livres pour dire ce qu'on pense des rites et des pratiques qu'ils veulent imposer aux ignorants. Leur pouvoir s'exerce sur les consciences et les corps : beaucoup d'hommes vivent « comme si, en se remettant passivement à des guides aussi habiles, on était totalement dispensé d'agir par soi-même et qu'on était conduit par eux jusqu'à atteindre très commodément les fins qu'on se propose[1] ».

2 • Une définition de la droite et de la gauche

Théologiens et juristes officiels de l'Église et de l'État constituent le parti gouvernemental, c'est-à-dire la droite (la droite du parlement est du côté de la main qui agit : « de droite » signifie « gouvernemental »). Mais il n'y a pas de liberté s'il n'y a pas aussi une opposition, la gauche[2], qui, par essence, a pour tâche de soumettre les décisions gouvernementales à un examen rigoureux et aux objections qui en découlent. En ce sens, le parti d'opposition, composé de l'ensemble des philosophes, des savants et des hommes éclairés, n'est pas un parti, c'est le public au vrai sens du terme, cosmopolitique, dont le support des débats est l'écriture. Cette opposition n'a aucune vocation gouvernementale (il suffit qu'un homme, même philosophe, participe au pouvoir ou qu'il ait une part des honneurs pour perdre la liberté de son jugement[3]).

3 • L'alternance ne signifie pas qu'il y a une gauche

Ce que l'on appelle l'alternance dans les démocraties du XXe siècle – divers partis exercent le pouvoir tour à tour – signifie qu'il y a au moins deux partis gouvernementaux ou, selon le sens que nous donnons ici aux mots avec Kant, deux droites, sans

---

1. *Le Conflit des facultés*, I, 1, 3 ; *AK*, VII, 31 : c'est la suite des considérations sur la médecine, reprises ici fiche 2, p. 50-52.
2. *Ibid.* I, 1, 4 ; *AK*, VII, 35 : il s'agit du parlement de la science.
3. *Cf. supra*, p. 71-72.

garantir encore qu'il y ait une gauche. Qu'on nous comprenne bien ! Nous ne prétendons pas qu'une telle alternance soit pire que l'exercice du pouvoir par un parti unique, sachant bien que la doctrine du parti unique exclut par principe toute forme d'opposition, comme au royaume de Dieu. Mais nous remarquons seulement que, par elle-même, l'alternance ne garantit pas l'existence d'une réelle opposition ni même le droit qu'elle aurait de s'exprimer. L'existence d'un public éclairé n'est pas seulement, il est vrai, une question institutionnelle.

4 • Le philosophe ne demande pas qu'on le croie

Ajoutons, pour éviter toute équivoque, qu'il ne suffit pas qu'un homme soit présenté comme philosophe, qu'il prenne la parole devant quelques millions de spectateurs et se prononce sur les affaires du monde, pour qu'on soit tenu de le croire ou, tout simplement, de penser qu'en effet il est philosophe. Kant ne demande pas qu'on le croie mais qu'on le lise, si l'on en est capable, et qu'on exerce soi-même son libre jugement.

La question de la liberté en matière de religion

La signification des longues analyses consacrées par Kant à l'exemple de la liberté de l'usage public de la raison en matière de religion ne peut être comprise si l'on ne sait pas quelle est la nature de la religion. L'opuscule de 1784 ne peut que paraître obscur sur ce point aux apprentis et c'est La Religion dans les limites de la simple raison *(1793), texte difficile, qui permet de voir ce que Kant veut dire.*

Nous tâcherons donc d'exposer brièvement l'idée de la religion, c'est-à-dire de la religiosité. Nous entendrons par religiosité *la religion intérieure, pure croyance de la raison, foi morale rationnelle, ainsi que nous le verrons. Comme l'idée d'une religion purement intérieure, sans manifestation extérieure, peut sembler faire de la religion un sentiment vague, de même qu'une pensée sans son expression est indéterminée et finalement vaine, le terme de* religiosité *a souvent en français un sens péjoratif. Nous le prendrons ici au sens strict d'*essence de la religion*: ce qui fait qu'il y a réellement religion. La religion est dans son principe religiosité, c'est-à-dire religion intérieure, et si le culte qui en est la manifestation extérieure (Kant rend compte de la nécessité d'un tel culte, qui tient à la finitude de la raison humaine) ne lui est pas subordonné, alors on a une religion extérieure qui ne mérite pas le nom de religion.*

LE FAUX CULTE

1 • La critique platonicienne de la religion

• Pour comprendre en quoi consiste la véritable religion, c'est-à-dire la religiosité, partons de la critique radicale qu'Adimante, frère de Platon, propose (au livre II de *La République*) de l'éducation religieuse que les hommes subissent. Cela vaut-il la peine d'être un homme de bien, demande Adimante à Socrate, si la moralité consiste seulement à agir de telle sorte qu'on soit récompensé non seulement en cette vie, mais après sa mort, et qu'on échappe aux peines des enfers, comme on nous le raconte depuis notre plus tendre enfance? Ces contes moralisateurs sont la manière dont les cités et les familles inculquent aux enfants ce qu'on appelle «la morale»: ce terme, toujours entendu aujourd'hui en ce sens péjoratif, signifie dans ces conditions un ensemble de règles nécessaires à la coexistence des hommes dans une société donnée. Ces règles sont certes utiles, croit-on, mais sans valeur en soi; on ne les respecte pas pour elles-mêmes, mais parce qu'on a peur des châtiments et qu'on attend des récompenses.

• Pour celui pour qui, au contraire, la justice est un bien en elle-même et pour elle-même, une valeur en soi, commettre l'injustice est un plus grand mal que la subir : c'est un mal pour lui-même – et pas simplement pour celui envers qui l'injustice est commise. De la même façon, il sait que, pour lui, il est pire d'échapper au châtiment que d'être puni. Un tel homme – Socrate – a compris qu'être juste est bon en soi, c'est-à-dire que c'est pour lui un bien. Être juste est son bien, ce n'est pas pour lui un mal nécessaire qu'il accepterait pour que la cohésion sociale soit maintenue ou même seulement par respect pour autrui (et non pour lui-même).

2 • La fonction policière de la religion

• La pression sociale impose à l'homme ce qu'on appelle des « valeurs », croyances qui ne sont ancrées en lui qu'autant qu'il est mû par la peur ou par l'amour des plaisirs et des honneurs. Elles ne dépendent pas d'un libre jugement, par lequel il reconnaîtrait leur vérité. Les histoires qu'on ressasse sur la destinée de l'âme après la mort ont ainsi été inventées pour frapper l'imagination des hommes rendus fous par la peur de mourir et elles assurent la cohésion sociale qu'ils pourraient menacer s'ils pensaient pouvoir échapper après leur mort à l'impunité. Le ministère des cultes est un département du ministère de l'Intérieur. Il faut une police des mœurs. Sous ces différentes formes que sont les diverses religions, la croyance en Dieu et en l'immortalité de l'âme peut donc sembler ne faire que gouverner les hommes par la crainte et la convoitise – la carotte et le bâton.

• S'il en est ainsi, si l'humanité est mue par des mobiles sensibles, c'est-à-dire animaux, la spiritualité n'est qu'une affabulation. Comme, au nom de Dieu et du sacré, les hommes ont commis les pires crimes, cette thèse semble vraie. Ainsi l'histoire du christianisme, « quand on l'embrasse d'un seul coup d'œil, comme un tableau, pourrait bien justifier l'exclamation *Tantum religio potuit suadere malorum!* [Tant la religion a pu conseiller de crimes[1]] ». Telle est la vérité critique du matérialisme : les fables sur l'au-delà n'ayant d'effet que sur des hommes qui ont peur de la mort, il suffit à Épicure de montrer que la mort n'est rien pour faire disparaître toutes ces fantasmagories.

---

1. La citation latine est de Lucrèce, *De natura rerum*, I, v. 101. Kant poursuit en opposant à ce que l'histoire a fait du christianisme l'idée qui l'animait dans l'esprit de son fondateur. *La Religion dans les limites de la simple raison*, II, 2 ; *AK*, VI, 131. *Cf. infra*, p. 89.

3 • Vraie et fausse piété

• Mais cette critique de la morale et de la religion a pour principe – chez Lucrèce comme chez Épicure – une très haute idée de la morale, l'idée d'une justice qui soit voulue cette fois pour elle-même et non pour les avantages qu'elle procure, d'une pratique du bien bonne en elle-même et non simplement dans le cadre des marchandages que sont parfois les affaires humaines. C'est cette justice-là qu'Adimante veut forcer Socrate à lui dépeindre, parce qu'il sait qu'elle est le seul vrai bien et que Socrate l'a pratiquée toute sa vie.

• Dans un autre dialogue, l'*Euthyphron*, Socrate se contente de demander s'il faut être pieux parce que les dieux le veulent ou si la piété vaut absolument et indépendamment des décrets des dieux, de telle sorte que c'est sa valeur absolue qui détermine ici la volonté des dieux ou bien celle de l'homme pieux. Faut-il vivre juste et honnête pour plaire aux dieux, ou la justice vaut-elle en elle-même qu'on la pratique ? Est-elle pour nous un bien réel, ou seulement une monnaie d'échange ? Si ce n'est qu'une question de marchandage, alors il suffira de sauver les apparences, de faire semblant d'être juste, ou de ne pas se faire prendre.

• Une pratique religieuse et un culte qui servent Dieu pour en obtenir des récompenses sont fondamentalement immoraux ; le fétichisme ou la superstition, croyance par laquelle on s'imagine pouvoir fléchir le Tout-Puissant, sont ainsi le comble de l'immoralité, puisque c'est être hypocrite qu'appeler religiosité et moralité des mobiles aussi bas. Mieux vaut un franc scélérat.

LA CROYANCE DE LA RAISON

• La vraie foi, au contraire, est d'abord foi en la vertu, en la justice ; c'est une foi en l'homme, la foi en soi-même comprise dans le courage qu'a le plus humble de faire son devoir. Cette foi est religieuse en ce qu'elle comporte une confiance en Dieu et en l'immortalité. Pourquoi ?

• L'homme qui réfléchit ne peut manquer de voir que le cours du monde n'est guère conforme aux vœux de son cœur. Je ne parle pas d'un homme malheureux parce qu'il est déçu dans sa soif de richesse et dans son ambition, mais d'un sage, tel Spinoza ; il a beau être juste et ne pas se laisser gouverner par ses désirs, il voit autour de lui régner le mensonge et la violence : « Les honnêtes gens qu'il [Spinoza] rencontre, sans que soit pris en compte le fait qu'ils sont dignes d'être heureux, seront soumis par la nature qui n'y prête aucune attention, à tous les maux que sont la misère, les maladies et la mort prématurée, exactement comme les autres animaux sur terre, et ils le resteront toujours, jusqu'à ce qu'une vaste tombe les engloutisse tous (peu importe qu'ils soient honnêtes ou malhonnêtes), et les rejette, eux qui pouvaient croire être la fin ultime de la création, dans le gouffre qu'est le chaos sans finalité de la matière dont ils avaient été tirés[1]. »

• Celui-là même qui est honnête par honnêteté, qui donc a compris que la justice est un bien en soi et non pour les avantages qu'elle procure, celui-là risque de désespérer et de perdre courage devant le cours moral du monde. Aux yeux du meilleur des hommes, les atrocités dont est faite la vie des hommes dans la nature peuvent anéantir toute conviction morale. Il lui faut donc croire que la nature des choses n'est pas en fin de compte indifférente à la justice, comme on le voit trop souvent. Croire, ici, c'est vouloir et non s'en tenir à l'expérience ; c'est vouloir et non subir. Ainsi, la croyance en Dieu signifie que la nature a un créateur moral, le bon Dieu, et cette croyance procède de notre conviction morale pour la prolonger et la renforcer.

• Comprenons bien ici que nous ne revenons pas à la rhétorique du faux culte. S'il est vrai que la croyance en Dieu et en l'immortalité signifie qu'il nous est permis d'espérer un sort meilleur que celui que l'existence terrestre réserve même au juste, cette foi ne fait pas de cette espérance le mobile de la justice. Kant y voit donc une croyance de la raison, puisqu'elle découle en l'homme de la seule conscience qu'il a de son devoir – la loi morale, c'est la rationalité de l'action[2] – et de ce qui en permet la réalisation. Cette foi inséparablement morale et religieuse repose tout entière sur la volonté d'agir selon le bien et ne subordonne pas la bonne conduite à l'espoir des récompenses ou à la peur des châtiments, encore moins à la pratique de tel ou tel rite qui permettrait d'obtenir les faveurs de Dieu sans avoir à vivre en homme de bien[3]. Elle est le discours que l'homme se tient à lui-même pour se donner la force d'affronter les dures conditions de son existence d'homme.

---

1. *Critique de la faculté de juger*, § 87 ; *AK*, V, 453.
2. *Cf.* notre introduction à *Théorie et Pratique, op. cit.*, p. 11-13.
3. *Cf. supra*, fiche 2, p. 50-52.

LA RELIGION ET LES RELIGIONS : L'UNITÉ DE L'HUMANITÉ

• Cette incantation ou cette exhortation a pris la forme historique de poèmes et de fables : ce sont les multiples et riches mythologies humaines, où l'homme éclairé sait voir, quelles que soient les différences apparentes qui les séparent, les vêtements, c'est-à-dire les divers véhicules ou les diverses expressions de l'unique religion morale, rationnelle (ou naturelle), qui, en effet, ne dépend pas de telle ou telle confession, mais peut être trouvée par tout homme en lui-même s'il réfléchit sur son devoir d'homme et sur sa vocation d'être moral.

• Ainsi, l'idée kantienne de la religion naturelle comme religion morale rationnelle permet de reconnaître la religiosité des hommes dont les rites et les pratiques ne sont pas les nôtres, et de concevoir que leur religion aussi est une religion. À quoi bon, dès lors, vouloir les convertir, si l'on est capable de voir sous le vêtement particulier que sont les rites et les symboles étrangers (ce qu'on appelle aujourd'hui « la différence ») la même religiosité qu'expriment à leur manière nos rites et nos symboles ? Celui qui sait lire l'universel dans le particulier déracine en lui-même le fanatisme parce qu'il ne voit plus dans l'autre l'étranger mais le semblable.

• Au contraire, définir l'homme, comme le fait une grande part de la sociologie et de l'anthropologie des deux derniers siècles, par la différence ou la distinction, c'est-à-dire par l'appartenance sociale et les rites particuliers qui la caractérisent, c'est nier l'universel. Il n'y a plus une humanité unique, mais des humanités sans communauté réelle, des « cultures » juxtaposées sans véritable communication possible, puisque chaque homme se trouve défini par son « appartenance culturelle » et non par son humanité, humanité commune aux hommes, comme le voulaient au contraire les philosophes des Lumières – et les rédacteurs éclairés de la Déclaration des droits de l'homme et du citoyen, qui sont universels. Ce qu'on appelle aujourd'hui les « communautés » (au pluriel) correspond à une représentation de l'humanité qui la morcelle en sociétés étrangères – et nul ne s'étonnera de voir en conséquence renaître les guerres de religion. Cette représentation nie qu'il y ait une communauté humaine, c'est-à-dire nie l'humanité.

• Au contraire, l'idée cosmopolitique que développe la philosophie kantienne est inséparable d'une pensée de la religion morale et rationnelle comme religion unique, universelle, dont les communautés particulières ou les cultes particuliers ne sont que les divers représentants, mais dont aucune ne peut prétendre être l'unique Église. Tel est le fondement de la liberté qui, selon Kant, doit être accordée à un prêtre de publier ses jugements sur le rite et le culte de son Église particulière.

FÉTICHISME ET RELIGION MORALE

1 • Primauté de la conscience sur les lois statutaires

• Si la religion en sa vérité est religiosité intérieure, morale, on comprend que la distinction des clercs et des laïcs soit particulièrement avilissante[1]. Pour ce qui a trait à la moralité intérieure, nul en effet ne saurait se contenter d'obéir aux directives d'un autre, même le plus sage. Être juste parce qu'on me dit de l'être n'est pas être juste par justice, honnête par honnêteté, c'est-à-dire en ayant jugé qu'il est bon en soi d'être honnête ; c'est me plier à des règles extérieures, et ma conduite ne comporte aucune moralité. La vraie morale n'est pas l'obéissance à des règles établies, imposées par l'éducation ou la pression sociale, elle est la reconnaissance libre de la justice et du bien.

• Ainsi, les lois et les articles de foi d'une Église historique donnée, qui doivent nous être révélés par un livre et qui, comme tels, ne procèdent pas de notre raison, de notre jugement d'homme éclairé, ne peuvent être tenus que pour des moyens nous permettant d'accéder à l'intention morale pure. Ils ne sont pas la religion véritable mais son véhicule extérieur. L'homme ne connaît qu'une seule direction, celle de sa conscience. « Les lois statutaires qui ont besoin d'une révélation ne sont qu'un moyen pour l'intention morale : leur observance ne peut être considérée comme agréable à Dieu que de manière conditionnelle : si elle est subordonnée à notre effort pour nous bien conduire. Celui donc qui leur donne le premier rang, qui les dit nécessaires pour la religion comme condition objective nous rendant agréable à Dieu, qui place ainsi au second rang après cette foi historique notre effort pour nous bien conduire : celui-là transforme le culte de Dieu en simple fétichisme, en un faux culte qui fait échouer toute tentative pour parvenir à la vraie religion. Tant importe, quand on veut les lier, l'ordre de liaison de deux bonnes choses. Or, faire cette distinction constitue les vraies Lumières (*die wahre Aufklärung*) ; ainsi le culte de Dieu devient libre et par-là moral[2]. » Le faux culte est

1. *Cf. supra*, fiche 2, p. 45-46, et toute *La Religion dans les limites de la simple raison*.
2. *La Religion dans les limites de la simple raison, AK*, VI, 178 *sqq*.

proprement servile, puisque l'homme s'avilit en servant Dieu comme un despote qu'on veut séduire ; il est idolâtre, puisqu'il confond l'image et ce dont l'image n'est que l'image, l'extérieur (rites, articles de foi) et l'intérieur (l'intention, la religiosité).

• Au contraire, « faire la distinction suivante dans la présentation des concepts appartenant à la moralité, constitutive de l'essence de toute religion, et donc à la raison pure (ces concepts se nomment idées) : distinguer le symbolique[1] de l'intellectuel (le culte d'avec la religion), l'enveloppe, certes utile et nécessaire pour un temps, d'avec la chose même, voilà les Lumières (*ist Aufklärung*). Sinon un idéal (de la raison pure pratique) est échangé contre une idole, et la fin ultime est manquée[2] ». Le cléricalisme consiste à imposer un culte fétichiste.

2 • Le refus du cléricalisme

• Et (ce n'est pas trahir Kant que de parler en ces termes) la religion chrétienne en son essence, c'est-à-dire telle qu'elle a été en son créateur, comme en témoignent sa vie et ses paroles, est anticléricale et, pour cette raison, peut être considérée comme une religion naturelle. Le refus du cléricalisme au nom de la religion morale ne signifie pas qu'il faille du jour au lendemain refuser tous les rites et tous les articles de foi de l'Église en place : « [...] On peut conserver à la foi d'Église, sans en abandonner le culte ni le combattre, son utile influence de véhicule, et lui ôter cependant, comme illusion du devoir du culte, toute influence sur le concept de la religion au sens propre (c'est-à-dire de la religion morale). »

• Nous l'avons déjà vu, tel est le fondement d'une reconnaissance mutuelle des diverses confessions, et ainsi la religion morale est le lien humain par excellence : « [...] un esprit de conciliation peut être suscité entre les hommes, malgré la diversité de leurs croyances, par les principes de l'unique religion de la raison à partir de laquelle les docteurs ont à expliquer tous les principes et observances ; jusqu'à ce qu'avec le temps, grâce au triomphe des vraies Lumières (c'est-à-dire d'une légalité qui dérive de la liberté morale), on puisse, avec le consentement de tous, échanger la forme d'une croyance avilissante fondée sur la contrainte contre une forme ecclésiastique à la mesure de la dignité d'une religion morale, c'est-à-dire la forme d'une

1. Symbole : *cf.* Glossaire, p. 126.
2. *Anthropologie au point de vue pragmatique*, § 38.

libre foi[1]. » Le prêtre éclairé sait que les rites, les observances et les professions de foi, tels qu'ils sont imposés par la tradition, ne sont pas l'essentiel de la religion mais seulement sa manifestation extérieure, contingente et provisoire.

LIBERTÉ ET RELIGION. RETOUR À 1784

Les pages de l'ouvrage de 1793 (*La Religion dans les limites de la simple raison*) citées ci-dessus éclairent l'opuscule de 1784 et l'argumentation par laquelle il demande aux autorités politiques et ecclésiastiques de laisser les prêtres libres de publier, comme savants, la critique qu'ils jugent fondée de tel rite ou de tel article de foi.

1 • Considérer les hommes comme mineurs détruit la religion

- On comprend en effet l'importance de la question religieuse. Le faux culte exclut jusqu'à l'idée d'une humanité responsable pour soumettre les hommes à la superstition ou au fétichisme, mal moral autant qu'intellectuel, qui est la servitude d'esprit. Un homme incapable de liberté religieuse demeure mineur sur l'essentiel : jamais il n'est à lui-même son propre guide ; sa conduite n'est pas la sienne. Interdire par conséquent à des prêtres de publier leur jugement sur tel rite ou tel article de foi, c'est nier la religion dans ce qu'elle a de plus élevé. La plus grande menace contre la religiosité, ce n'est pas la liberté, mais la servilité. La liberté n'est pas un obstacle à la pureté des intentions, tandis que la nécessité de se cacher pour dire tout ce qu'on pense à quelques amis est à l'origine de toutes les sociétés secrètes[2] et de tous les complots, et ne peut que corrompre. Ainsi, les pressions cléricales et despotiques éloigneront inévitablement les hommes de l'idée même qu'ils pourraient un jour être tout simplement honnêtes. Elles produisent un effet rigoureusement contraire à celui de la vraie religion.

- C'est la raison pour laquelle Kant peut écrire, sans la moindre ironie, en 1793, que son siècle est l'époque la meilleure dans l'histoire de l'Église[3], précisément parce qu'elle est celle où la liberté et la « publicité » sont les plus grandes, celle où la religion ne peut arguer de sa sainteté pour refuser d'être soumise au libre et public examen de la raison qu'est la critique[4]. De même que, selon le célèbre mot

1. *La Religion dans les limites de la simple raison*, III, 1, 7 ; *AK*, VI, 123.
2. *Théorie et Pratique, AK*, VIII, 305 ; *op. cit.*, p. 66.
3. *La Religion dans les limites de la simple raison, AK*, VI, 131.
4. *Critique de la raison pure*, préface de la première édition, citée fiche 4, p. 69.

de Figaro[1], « sans la liberté de blâmer, il n'est point d'éloge flatteur », de même il n'y a pas d'intention pure là où règne sur les consciences une contrainte exercée par des tuteurs qui inspirent dans le cœur des hommes la terreur pour les éloigner de tout libre examen par la raison[2]. Le siècle de la critique peut faire disparaître le faux culte, non la vraie religion.

2 • Quelle liberté accorder aux prêtres ?

• Mais là n'est pas le point le plus délicat de l'argumentation de 1784. Comment, en effet, le même homme peut-il, comme savant ou docteur, publier un livre où il fait la critique d'un article de foi et, comme prêtre, continuer de l'enseigner à ses fidèles ? On comprend que, n'adressant pas cette critique au peuple mais au public des savants, il ne soit pas dangereux pour l'ordre établi. C'est au demeurant ainsi que Kant se défendra contre la censure quand, en 1793, le nouveau roi s'en prendra à lui à cause de la publication de son livre sur la religion, lequel, en effet, ne peut être compris que par quelques spécialistes et ne risque donc pas de troubler la grande masse. Mais lui-même n'est pas prêtre et n'a pas à apprendre à des fidèles les articles de foi dont il fait la critique et qui sont dans cette mesure contraires à sa propre conviction.

• Le devoir qu'a un prêtre de limiter l'usage privé de sa raison est un devoir de réserve qui lui interdit de faire part de ses convictions personnelles quand il s'adresse à ses fidèles : comment un tel devoir ne pèserait-il pas sur sa conscience, contrairement à ce qu'écrit Kant ? Comment, comme savant, considérer par exemple que le Christ ne peut être dit fils de Dieu mais seulement homme (s'il est le fils de Dieu, en effet, il ne peut plus nous être proposé comme exemple, et l'on comprendrait trop aisément que de simples hommes ne puissent agir comme lui) et, comme prêtre, enseigner qu'il est le fils de Dieu ? Que dit Kant ? « Ce qu'il [le prêtre en question] enseigne du fait de ses fonctions, comme mandataire de l'Église, il le présente comme quelque chose qu'il n'a pas le libre pouvoir d'enseigner selon son opinion personnelle, mais qu'il s'est engagé à exposer selon la prescription et au nom d'un autre. Il dira : "Notre Église enseigne ceci ou cela ; ce sont les arguments dont elle se sert." » N'est-ce pas de l'hypocrisie ?

---

1. Beaumarchais, *Le Mariage de Figaro*, acte V, scène 3, monologue de Figaro.
2. *Qu'est-ce que s'orienter dans la pensée ? AK*, VIII, 144-145.

3 • La solution kantienne

• La raison pour laquelle un tel prêtre n'est ni hypocrite ni prisonnier d'un conflit entre le devoir de sa charge et sa conscience, c'est qu'il a compris le caractère extérieur des symboles et des professions de foi d'une Église particulière et qu'il ne donne pas une valeur absolue aux formulations imposées par la tradition. Il accepte de respecter les rites et les formulations dont il demande la réforme, parce qu'il les considère comme nous avons vu plus haut qu'un homme éclairé considère toute religion historique particulière : comme le vêtement provisoire de l'intériorité morale.

• Aussi Kant poursuit-il : « Il tirera ensuite, pour la formation morale de ses fidèles, tout le bénéfice moral de propositions auxquelles il ne souscrirait pas en toute conviction mais qu'il peut s'engager à rapporter, parce qu'il n'est pas complètement impossible qu'elles renferment une vérité cachée, et qu'en tout cas il ne s'y trouve rien de contraire à la religion intérieure. » Il peut tirer un parti moral de l'article de foi sans même le changer, et faire que le véhicule extérieur imparfait vienne malgré tout au secours de la foi intérieure. Et nous oserons dire qu'il est ainsi possible de faire le même usage de toutes les mythologies et de cette manière de les sauver toutes : Kant lui-même remarquait que les philosophes de l'Antiquité savaient proposer un commentaire moral de leur mythologie[1].

• Ou bien donc ce qu'exige l'Église est contraire à la raison pratique, et le prêtre démissionne – mieux, il n'a pas à prêter serment auprès de cette Église ; ou bien il juge simplement qu'il a affaire à un symbole imparfait comme tous les symboles, et il est possible d'en tirer parti en attendant une réforme qui l'améliorera. Tant que nous serons hommes et que nous aurons besoin de symboles, il faudra que nous nous contentions d'une certaine imperfection, admissible, si, du moins, elle n'est pas imposée comme quelque chose de définitif.

1. *La Religion dans les limites de la simple raison*, III, 1, 6 ; *AK*, VI, 111. Une analyse de nombreux exemples de la mythologie se trouve faite en ce sens dans *Préliminaires à la mythologie* et *Les Dieux*, d'Alain.

4 • La contradiction insoluble de la religion extérieure et de la religiosité intérieure

• Kant montre finalement par là que la question du rapport de la religion extérieure et de la religiosité intérieure est insoluble, et la réflexion qu'il mène sur l'histoire des diverses confessions médite cette antinomie de la raison[1] : il faut bien un véhicule extérieur, mais il ne manque jamais de faire oublier l'essentiel qu'il a pour rôle de secourir. Il a fallu une Église, mais elle n'a pu que trahir sa mission. Le vêtement extérieur de la religion est et sera toujours inadéquat à la religiosité intérieure qui en a pourtant besoin pour se manifester.

• La solution morale de cette antinomie est qu'il dépend de chacun de faire prévaloir l'intériorité sur ses manifestations, et chacun ne peut qu'espérer en une sorte d'allégement progressif du poids de l'Église historique, signifiant que la religiosité intérieure règne au contraire davantage sur les cœurs. La liberté de penser et de publier est l'unique garantie d'un tel progrès, et son affirmation, la certitude absolue qui fonde toute la philosophie de la religion.

1. **Antinomie de la raison** : il s'agit d'une contradiction qui tient à la nature de notre raison et non pas à une erreur de raisonnement.

Conclusion : l'honneur d'être homme

SE SAVOIR ESPRIT

• Nous lisons les philosophes, non pour apprendre leurs pensées mais pour apprendre à penser ; l'instruction philosophique par les textes n'a pas pour fin la connaissance historique et extérieure des opinions célèbres, ce qui serait doxographie[1] et non philosophie, mais elle a pour fin l'intelligence. Si nous lisons Kant – ou quelques autres, il est vrai peu nombreux, mais dont la fréquentation peut occuper plus d'une vie –, peut-être nous éveillerons-nous à nous-mêmes.

• Que retiendrons-nous d'abord de ces quelques réflexions conduites à la lecture de la réponse proposée par lui en 1784 à la question : « Qu'est-ce que le progrès des Lumières ? » Qu'il importe à chacun d'oser prétendre à l'intelligence : d'oser secouer le joug de la minorité. Ne « répandront autour d'eux le sens d'une appréciation raisonnable de sa propre valeur et de la vocation de chaque homme à penser par soi-même » que des hommes sachant eux-mêmes juger, par la raison, de leur valeur absolue d'êtres libres, et qui se seront rendus dignes de leur propre humanité en la conquérant ainsi. Il convient premièrement de se savoir esprit – et nous avons vu en quels termes Kant rappelait à ses étudiants[2] qu'à cette condition seulement la vie humaine est sensée.

LE SEUL REMÈDE AU FANATISME

• Il est clair qu'il ne s'agit pas là d'un contentement de soi-même, qui nous ferait prétendre valoir plus que les autres hommes, parce que nous serions plus riches, plus puissants ou plus malins. Au contraire, cette conscience de soi comme d'un être libre peut seule nous délivrer de l'ambition de dominer les autres ou de nous ériger en tuteurs des masses. Car seul celui qui sait sa propre valeur, seul un esprit conscient de lui-même peut considérer l'humanité en autrui comme une fin en soi.

• Inversement, qui veut régner sur les esprits, ne se sait pas esprit et manque sa propre vocation ; car c'est ignorer l'esprit aussi bien en soi-même qu'en autrui que vouloir le faire plier par la violence. L'esprit ne peut vouloir contraindre l'esprit.

---

1. Doxographie : recueil d'opinions.

2. Texte de la *Logique*, cité *supra*, fiche 2, p. 43.

Il ne peut vouloir qu'une approbation absolument libre. Un homme qui tiendrait pour vrai un théorème mathématique parce qu'il serait soumis à la violence d'un tyran qui voudrait lui en imposer la croyance, un tel homme ne donnerait qu'un faux acquiescement. Quand bien même la terreur qui s'exercerait ainsi finirait par lui donner l'illusion qu'il a librement dit oui, on voit bien qu'il n'aurait toujours rien compris à ce théorème et que son accord extorqué ne voudrait rien dire.

• Il en est de même en matière de foi religieuse ou de jugement moral. Ce qui est extorqué par la violence ou la séduction n'engage pas le jugement et ne repose sur aucun accord véritable. C'est l'état de guerre, même si, la domination momentanée d'une puissance empêchant toute révolte, on a une paix apparente. Les hommes alors s'agenouillent par faiblesse, et ils font les mêmes gestes comme des machines bien réglées ; ils ont beau parfois intérioriser la pression sociale au point de croire que leur soumission est libre, ils ne reconnaissent pas le bien-fondé de ce qu'on leur demande d'admettre, et tel est le pire des esclavages. Cette reconnaissance n'a de sens et de réalité que par la liberté. Le fanatique exigeant d'un homme qu'il cède ainsi à la violence oublie que l'approbation de l'esprit n'est rien si elle n'est pas totalement libre : il oublie l'esprit.

SEUL L'ESPRIT RECONNAÎT L'ESPRIT : L'ÉGALITÉ

Seul celui qui se sait esprit peut prendre conscience que les autres hommes, quelque différents qu'ils soient de lui, sont eux aussi des hommes, c'est-à-dire des esprits ; telle est la reconnaissance de l'homme par l'homme, qui fait de tout homme mon semblable, c'est-à-dire un être également libre, par sa nature capable de se gouverner lui-même sans être soumis à la direction d'un autre : majeur, adulte ou, du moins, par nature capable de le devenir. Lorsqu'en son premier article, la Déclaration des droits de l'homme et du citoyen lie liberté et égalité des droits, elle est l'expression politique de cette idée de l'homme que la lecture de Kant nous a appris à élucider.

Le dossier sur la notion de liberté

99 TEXTES ÉCHOS

116 PROBLÉMATIQUES

Introduction générale

La philosophie, depuis l'Antiquité jusqu'à nos jours, est d'abord une pensée de la liberté, ou mieux, une école de liberté, du moins pour qui se donne la peine de philosopher. À ce titre, elle est beaucoup plus qu'une simple discipline académique. Ainsi, comme nous l'avons vu dans *Qu'est-ce que les Lumières ?* Kant exprime à sa manière une exigence présente particulièrement chez Platon : à chacun de se libérer des croyances qu'il ne maîtrise pas, de ne pas confondre ce qu'il ne fait que croire et ce qu'il sait réellement. Tel est le sens de la distinction platonicienne entre opinion (*doxa*) et science. Et rappelons-le : l'opinion vraie n'est pas un véritable savoir. On voit à partir de là en quoi l'exigence de liberté et la volonté de comprendre sont inséparables : tel est le caractère indissolublement théorique et moral de la philosophie dans les quatre textes présentés ici.

Nous allons retrouver l'expression de cette exigence d'abord chez **Leibniz**, dont une courte page propose une analyse complète de la notion de liberté : elle permet de démêler la confusion qui règne souvent dans l'usage que nous faisons du mot liberté. Les différents sens du mot sont distingués, classés, hiérarchisés, pour culminer dans l'idée de liberté intérieure et de libre arbitre.

On trouvera chez **Rousseau** une réflexion sur la liberté politique fondée sur les mêmes principes. L'idée de citoyenneté suppose en effet des hommes capables de vouloir l'intérêt général, c'est-à-dire capables de ne pas penser seulement selon leurs intérêts particuliers, selon leurs passions et leurs désirs, selon leurs préjugés. Un vrai citoyen pense par lui-même : ce n'est pas un « mineur » assujetti à la parole d'hommes de pouvoir ou de médias. Cette page de Rousseau est, comme celle de Leibniz, une leçon de vocabulaire : à Rousseau, plus qu'à aucun autre, nous devons celui de la république. Que signifient les mots : ministre, servir, obéir, souveraineté du peuple, pouvoir législatif, loi, etc. ? La liberté est l'enjeu de telles distinctions. Un peuple qui, dans ses débats politiques, a oublié le sens de ces mots, n'est pas un peuple libre.

Simone Weil, nourrie de la tradition philosophique, formule l'idée de liberté comme nous venons de le faire : la liberté intérieure d'un homme maître de ses pensées et, à cette condition seulement, maître de sa vie. On verra que Simone Weil se garde bien de confondre les sens que Leibniz permet de distinguer, et en particulier, la liberté comme pouvoir de faire ce qu'on désire et la liberté comme pouvoir de vouloir comme il faut. Un homme qui a le pouvoir de faire tout ce qu'il désire et qui se méprend sur ce qui est pour lui le meilleur, un tel homme n'est pas libre. Simone Weil peut donc conclure que la vraie liberté n'est pas dans le rapport du désir à sa satisfaction, mais dans le rapport de la pensée et de l'action. De là la question de savoir dans quelle mesure un homme peut être libre si le développement technique et la mondialisation font qu'à la place où il se trouve il ne peut comprendre le sens de son travail.

Le propos d'**Alain** sur le fanatisme donne une idée de ce qu'on pouvait lire dans un journal il y a un siècle. On y verra que la belle écriture d'Alain est plus difficile qu'on ne l'imagine généralement et demande au lecteur un vrai travail de réflexion. Là encore, la liberté humaine est pensée comme une libération : mais cette fois, paradoxalement, il s'agit de se libérer d'un fanatisme qui a pour source la raison en nous. Car les hommes ne tiendraient pas tant à leurs opinions s'ils ne s'imaginaient pas qu'ils ont raison.

TEXTE 1

LEIBNIZ, *Nouveaux Essais sur l'entendement humain* (1704) ♦ II, XXI, § 8

Leibniz (1646-1716), considéré comme un cartésien (à l'image de Malebranche et de Spinoza), est aussi l'un des inventeurs du calcul infinitésimal. Cette brève page n'est qu'une analyse de la notion de liberté qui regroupe tous les sens du terme de liberté, *généralement confondus au point qu'on n'y comprend plus rien. Nous avons là l'exemple, le modèle même de ce que devrait être une dissertation de philosophie. On remarquera surtout que cette analyse est intelligible indépendamment de la connaissance du système de Leibniz, parce qu'elle ne fait que montrer en quels différents sens les hommes parlent de liberté.*

Le terme de *liberté* est fort ambigu. Il y a liberté de droit, et liberté de fait. Suivant celle *de droit* un esclave n'est point libre, un sujet n'est pas entièrement libre, mais un pauvre est aussi libre qu'un riche. La liberté *de fait* consiste, ou dans la puissance de faire ce qu'on veut, ou dans la puissance *de vouloir* comme il faut. C'est de la *liberté de faire* que vous[1] parlez, et elle a ses degrés et variétés. *Généralement* celui qui a plus de moyens est plus libre de faire ce qu'il veut : mais on entend la liberté *particulièrement* de l'usage des choses qui ont coutume d'être en notre pouvoir et surtout de l'usage libre de notre corps. Ainsi la prison et les maladies, qui nous empêchent de donner à note corps et à nos membres le mouvement que nous voulons et que nous pouvons leur donner ordinairement, dérogent à notre liberté : c'est ainsi qu'un prisonnier n'est point libre, et qu'un paralytique n'a pas l'usage libre de ses membres. La *liberté de vouloir* est encore prise en deux sens différents. L'un est quand on l'oppose à l'imperfection ou à l'esclavage d'esprit, qui est une coaction[2] ou contrainte, mais interne, comme celle qui vient des passions ; l'autre sens a lieu quand on oppose la liberté à la nécessité. Dans le premier sens les stoïciens disaient que le sage seul est libre ; et en effet, on n'a point l'esprit libre quand il est occupé d'une grande passion, car on ne peut point vouloir alors comme il faut, c'est-à-dire avec la délibération qui est requise. C'est ainsi que Dieu seul est parfaitement libre, et que les esprits créés ne le sont qu'à mesure qu'ils sont au-dessus des passions : et cette liberté regarde proprement notre entendement. Mais la liberté de l'esprit, opposée à la nécessité, regarde la volonté nue et en tant qu'elle est distinguée de l'entendement. C'est ce qu'on appelle le *franc arbitre* [et l'affirmation du libre arbitre consiste en] ce qu'on veut que les plus fortes raisons ou impressions que l'entendement présente à la volonté n'empêchent point l'acte de la volonté d'être contingent, et ne lui donnent point une nécessité absolue et pour ainsi dire métaphysique. Et c'est dans ce sens que j'ai coutume de dire que l'entendement peut déterminer la volonté, suivant la prévalence des perceptions et raisons, d'une manière qui, lors même qu'elle est certaine et infaillible, incline sans nécessiter[3].

1. Leibniz s'adresse à Locke.

2. Coaction : action de priver de la liberté de choix.

3. Nécessiter : ici, contraindre ou entraîner nécessairement.

Commentaire

Tableau des divisions

1. Liberté de droit
2. Liberté de fait
2.1. Puissance de faire ce qu'on veut
2.2. Puissance de vouloir comme il faut
2.2.1. Liberté d'esprit par opposition à l'esclavage d'esprit
2.2.2. Le libre arbitre (par opposition à la nécessité)

1 • La liberté de droit et la liberté de fait

• Distinguons la liberté prise au sens juridique et la liberté comme fait ou pouvoir de faire quelque chose : je peux être juridiquement libre et non esclave ou sujet d'un roi, mais incapable de bouger parce que paralytique et donc sans la liberté ou le pouvoir de marcher. Inversement, un esclave qui n'est pas paralytique n'est pas libre juridiquement, quoiqu'il soit libre physiquement. Le citoyen d'une république n'est pas le sujet d'un roi. Il ne doit obéissance qu'à la loi, et non à un homme.

• Leibniz ne cherche pas ici à dire ce que doit être la liberté *de droit* : il ne s'engage pas dans une philosophie politique mais poursuit l'analyse de la notion. D'ailleurs cela aurait-il un sens de se prononcer sur la politique sans savoir en quoi consiste la vraie liberté ?

2 • La liberté de fait se divise en : 2. 1. Puissance de faire ce qu'on veut. 2. 2. Puissance de vouloir comme il faut

• La liberté est en effet généralement prise au sens de puissance de faire ce qu'on veut, comme c'est ici le cas pour l'interlocuteur de Leibniz (le philosophe anglais Locke [1632-1704]) : les *Nouveaux Essais sur l'entendement humain* sont une réponse à l'ouvrage de Locke, *Essais sur l'entendement humain*. Les murs et la porte de sa prison empêchent un prisonnier de sortir de sa cellule, la paralysie empêche un homme de marcher. On notera que, d'une manière générale, la liberté ainsi entendue est prise en un sens négatif : c'est l'absence de contrainte.

• Notons déjà que faire ce qu'on veut peut vouloir dire faire ce qu'on désire : le type de vouloir en cause n'est pas précisé. D'où l'importance de la division suivante, qui distingue « vouloir comme il faut », c'est-à-dire une volonté éclairée et réellement libre, et une volonté prisonnière d'illusions.

3 • La liberté de vouloir se divise en liberté intérieure et en libre arbitre

Comme liberté intérieure, la *liberté de vouloir* est en un premier sens opposée « à l'imperfection ou à l'esclavage d'esprit » : c'est la liberté d'esprit, la liberté de l'homme libre ; et en un second sens, « on oppose la liberté à la nécessité ». Prise au sens 1, la liberté relève de la morale ; prise au sens 2, elle relève de la métaphysique.

La liberté par opposition à l'esclavage intérieur

- Il nous arrive de découvrir après coup que nous avons eu tort de prendre telle ou telle décision : nous n'avons pas voulu comme il fallait. Nous n'avons pas voulu ce qu'il aurait fallu vouloir si nous avions vu clair ; nous aurions pris une autre décision si nous avions suffisamment examiné ce qui était le meilleur (c'est en quoi consiste la délibération), ou si, sachant en un sens ce qu'il fallait faire, nous n'avions pas été entraînés par une passion à faire autre chose. Ici, l'esclavage auquel s'oppose la liberté est un esclavage intérieur qui ne vient pas d'une contrainte qu'un autre exercerait sur nous. Et un homme est d'autant plus aisément victime de cet esclavage intérieur qu'il a plus de pouvoir ou de richesses et que rien ne s'oppose à ses passions.

- Leibniz rend ici hommage aux stoïciens qui ont donné la plus forte formulation qui soit de cette liberté qui est la vraie liberté, divine, celle du sage. Il est vrai qu'il corrige la formulation stoïcienne en notant que seul Dieu est parfaitement libre : le christianisme a repris beaucoup au stoïcisme mais y a toujours vu un orgueil condamnable... Cependant aucun des stoïciens n'a jamais prétendu être parvenu au plus haut degré de la sagesse, c'est-à-dire à la maîtrise absolue de soi.

La question du libre ou franc arbitre

- Nous voici au cœur de la métaphysique. La question est de savoir si, lorsque l'évidence s'impose à moi, je suis libre ou si je ne suis pas libre d'y acquiescer. La lumière de la vérité nous contraint-elle à donner notre accord, l'arrache-t-elle comme le ferait une contrainte ou comme la lumière attire les moustiques qui vont se brûler sur une flamme ?

- Descartes, Spinoza et Leibniz ont médité cette extraordinaire question et les lire permet de comprendre que les diverses philosophies ne s'opposent pas comme le font les opinions dans un débat.

• L'affirmation par Descartes du libre arbitre signifie que l'acte par lequel nous reconnaissons la vérité est libre : ce qui veut dire que nous pouvons ou non dire oui à ce qui nous apparaît comme manifestement vrai. Le doute est la preuve du libre arbitre.

• Spinoza refuse non pas la liberté mais le libre arbitre et définit la liberté par la nécessité : c'est en effet lorsque la nécessité du vrai s'impose à moi que je suis vraiment libre et certain de vouloir comme il faut ! Sans doute Descartes ne l'a-t-il jamais nié, et Spinoza lui-même dit que si on ne comprend pas son identification de la liberté et de la nécessité rationnelle, il suffit de s'en tenir à Descartes. Retenons ici seulement ceci : entre Descartes et Spinoza, le débat porte sur la question de savoir s'il convient ou non de penser la liberté comme libre arbitre.

• Leibniz – comme toujours – propose une solution moyenne. Il veut dire que la nécessité du vrai (2 + 2 = 4 est une vérité nécessaire, c'est-à-dire telle que le contraire est impossible) ne s'impose pas comme une contrainte qui nécessiterait, c'est-à-dire extorquerait, notre accord, mais elle nous porte seulement à donner notre accord : « incline sans nécessiter », ce qui est en un sens une belle description de ce que produit sur nous l'évidence de la vérité.

TEXTE 2

JEAN-JACQUES ROUSSEAU, *Lettres écrites de la montagne* (1764)

Dans cette lettre célèbre, Rousseau (1712-1778) s'adresse à un citoyen de Genève et lui rappelle ce que c'est qu'une loi, c'est-à-dire quel est le principe de la république. C'est une leçon de vocabulaire politique élémentaire. L'idée maîtresse est la suivante : l'obéissance à la loi est la garantie de la liberté de chacun dans un État, loi qui oblige autant les gouvernants que les gouvernés. Car la loi seule peut faire que nul ne soit soumis à la volonté d'un autre, c'est-à-dire esclave.

On a beau vouloir confondre l'indépendance et la liberté, ces deux choses sont si différentes que même elles s'excluent mutuellement. Quand chacun fait ce qu'il lui plaît, on fait souvent ce qui déplaît à d'autres, et cela ne s'appelle pas un État libre. La liberté consiste moins à faire sa volonté qu'à n'être pas soumis à celle d'autrui ; elle consiste encore à ne pas soumettre la volonté d'autrui à la nôtre.

Quiconque est maître ne peut être libre, et régner c'est obéir. Vos Magistrats savent cela mieux que personne, eux qui comme Othon[1] n'omettent rien de servile pour commander. Je ne connais de volonté vraiment libre que celle à laquelle nul n'a droit d'opposer de la résistance ; dans la liberté commune nul n'a droit de faire ce que la liberté d'un autre lui interdit, et la vraie liberté n'est jamais destructive d'elle-même. Ainsi la liberté sans la justice est une véritable contradiction ; car comme qu'on s'y prenne[2] tout gêne dans l'exécution d'une volonté désordonnée.

Il n'y a donc point de liberté sans Lois, ni où quelqu'un est au-dessus des Lois : dans l'état même de nature l'homme n'est libre qu'à la faveur de la loi naturelle qui commande à tous. Un peuple libre obéit, mais il ne sert pas ; il a des chefs et non pas des maîtres ; il obéit aux Lois, mais il n'obéit qu'aux Lois et c'est par la force des Lois qu'il n'obéit pas aux hommes. Toutes les barrières qu'on donne dans les républiques au pouvoir des magistrats ne sont établies que pour garantir de leurs atteintes l'enceinte sacrée des Lois : ils en sont les ministres non les arbitres, ils doivent les garder non les enfreindre. Un peuple est libre, quelque forme qu'ait son gouvernement, quand dans celui qui le gouverne il ne voit point l'homme, mais l'organe de la Loi. En un mot, la liberté suit toujours le sort des Lois, elle règne ou périt avec elles ; je ne sache rien de plus certain.

Vous avez des Lois bonnes et sages, soit en elles-mêmes, soit par cela seul que ce sont des Lois. Toute condition imposée à chacun par tous ne peut être onéreuse à personne, et la pire des Lois vaut encore mieux que le meilleur maître ; car tout maître a des préférences, et la Loi n'en a jamais.

---

1. Othon : empereur romain (32-69) qui régna quatre mois.

2. Comme qu'on s'y prenne : quelle que soit la manière dont on s'y prend.

Commentaire

1 • La liberté du citoyen n'est pas l'indépendance

La liberté de l'homme, lorsqu'il vit parmi ses semblables, n'est pas l'indépendance : si en effet chacun pouvait faire ce qui lui plaît, les hommes ne cesseraient de s'entredéchirer. Et, par conséquent, dans une guerre de tous contre tous, les uns seraient les maîtres et les autres des esclaves. Faut-il conclure que la vie en commun suppose le sacrifice de la liberté, ou du moins sa limitation ? Non ! C'est à une fausse liberté que nous devons alors renoncer.

2 • Un maître n'est pas libre. Dominer, c'est être esclave

• Les maîtres eux-mêmes ne sont pas libres. Comme l'empereur romain Othon, selon Tacite, ils sont prêts à toutes les servilités pour garder leur pouvoir. Et la servilité de ceux qu'on appelle parfois les « petits chefs » – il faudrait dire les « petits despotes » – est de même nature que celle du tyran le plus puissant. Toute l'analyse de Rousseau repose sur cette vérité que Platon, Aristote et les stoïciens avaient longuement méditée : le maître est esclave de ses esclaves ; la vraie liberté ne consiste pas dans le pouvoir qu'on a sur les autres mais dans la maîtrise de soi.

• Ainsi, en république, nul ne règne sur les hommes, personne ne domine personne (*dominus*, en latin, signifie « maître ») ; au contraire, celui qui gouverne sert l'intérêt général. C'est pourquoi on y appelle *ministres* les magistrats chargés du gouvernement de l'État : *ministre* veut dire « serviteur ». Obéir au *chef* chargé de l'application de la loi n'est pas être le serviteur d'un *maître*. Il est donc essentiel de distinguer *obéir* et *servir*, *chef* et *maître* – liberté et esclavage.

3 • La république ou la primauté du pouvoir législatif

Ainsi le souverain, dans une république, n'est pas un roi ou un homme, même élu : c'est le peuple. Le peuple, c'est-à-dire les hommes unis sous les mêmes lois – et non pas une ethnie : unité politique qui n'est pas culturelle ou raciale et qui n'a de réalité et d'unité que par cette souveraineté politique. Le peuple décide de la loi (il détient le pouvoir législatif) et le pouvoir exécutif est chargé de l'application des lois. L'histoire de la liberté politique est l'histoire du rapport entre ces deux pouvoirs : quand l'exécutif domine le législatif, il n'y a plus république mais déjà despotisme.

4 • Liberté et justice

• « [D]ans la liberté commune nul n'a droit de faire ce que la liberté d'un autre lui interdit, et la vraie liberté n'est jamais destructive d'elle-même. Ainsi la liberté sans la justice est une véritable contradiction ; car comme qu'on s'y prenne tout gêne dans l'exécution d'une volonté désordonnée » (l. 11-14).

• La liberté telle que nous venons de la comprendre n'est pas le pouvoir de faire n'importe quoi, c'est-à-dire de faire ce qu'on désire, quoi qu'on désire. Elle ne consiste pas à empiéter sur la liberté d'autrui. Ne voient entre la justice et la liberté une contradiction que ceux qui entendent par liberté le pouvoir de faire tout ce qu'on désire et de tyranniser ses semblables. Être juste, et pour cela renoncer à ceux de ses désirs qui pourraient nuire aux autres, ce n'est pas limiter sa liberté.

• Au contraire, l'injuste qui s'en prend au bien ou à la liberté d'autrui n'est pas libre. Le droit de s'en prendre à la liberté d'un autre est contradictoire, parce que l'autre aussi ayant le droit de s'en prendre à ma liberté, nous détruisons l'un l'autre notre liberté : la liberté définie comme le droit de réduire l'autre en esclavage implique la négation de la liberté. Fausse liberté que celle d'un désir de puissance qui détruit la liberté d'autrui.

• La liberté sans règle est folie : l'exécution de la moindre action suppose une maîtrise de soi qui implique, par exemple, qu'on tienne compte des lois de la nature. Rien ne peut se maintenir à l'existence dans le désordre et sans loi. Vivant en société, les hommes se donnent donc des lois parce que s'ils n'avaient d'autre loi que celle de leurs désirs, ils ne pourraient vivre ensemble et libres.

5 • « dans l'état même de nature l'homme n'est libre qu'à la faveur de la loi naturelle qui commande à tous » (l. 16-17)

• On appelle *état de nature* un état où les hommes ne se sont pas donné de loi pour former un État. Ou bien, comme Hobbes (1588-1779), on imagine qu'ils vivent ensemble, et alors c'est la guerre de tous contre tous. Ou bien, comme Rousseau, on fait l'hypothèse qu'ils y vivent sans liens entre eux, et l'on voit alors qu'ils suivent la loi naturelle comme le font les bêtes.

• En dehors de toute existence sociale, les désirs des hommes n'ont aucune raison d'être plus désordonnés que ceux des bêtes : dans cet état de nature, la loi naturelle suffit donc à régler la vie des hommes. Au contraire, une fois ensemble, les hommes se comparent les uns les autres et alors leurs désirs ne sont plus réglés par la nature, comme dans le règne animal : ceux-ci s'exacerbent indéfiniment, s'ils ne se donnent pas de lois. C'est alors le chantage affectif généralisé : les enfants savent fort bien en user s'ils sont abandonnés à eux-mêmes, quand les adultes chargés de leur éducation ont renoncé à toute autorité.

• La loi républicaine peut seule nous éviter de vivre au gré des passions et des affections des uns et des autres.

TEXTE 3

SIMONE WEIL, *Oppression et liberté* (1933-1943) ♦ « Réflexions sur les causes de la liberté et de l'oppression sociale » (1934), © Éditions Gallimard, coll. « Espoir », 1955

Dans ce texte, Simone Weil (1909-1943) montre que le pouvoir des sociétés humaines sur la nature, s'il n'est pas fondé sur le pouvoir sur soi des hommes, lequel consiste d'abord à comprendre ce qu'on fait, produira un monde d'esclaves.

On peut entendre par liberté autre chose que la possibilité d'obtenir sans effort ce qui plaît. Il existe une conception bien différente de la liberté, une conception héroïque qui est celle de la sagesse commune. La liberté véritable ne se définit pas par un rapport entre le désir et la satisfaction, mais par un rapport entre la pensée et l'action ; serait tout à fait libre l'homme dont toutes les actions procéderaient d'un jugement préalable concernant la fin qu'il se propose et l'enchaînement des moyens propres à amener cette fin. Peu importe que les actions en elles-mêmes soient aisées ou douloureuses, et peu importe même qu'elles soient couronnées de succès ; la douleur et l'échec peuvent rendre l'homme malheureux, mais ne peuvent pas l'humilier aussi longtemps que c'est lui-même qui dispose de sa propre faculté d'agir.

Et disposer de ses propres actions ne signifie nullement agir arbitrairement ; les actions arbitraires ne procèdent d'aucun jugement, et ne peuvent à proprement parler être appelées libres. Tout jugement porte sur une situation objective, et par suite sur un tissu de nécessités. L'homme vivant ne peut en aucun cas cesser d'être enserré de toutes parts par une nécessité absolument inflexible ; mais comme il pense, il a le choix entre céder aveuglément à l'aiguillon par lequel elle le pousse de l'extérieur, ou bien se conformer à la représentation intérieure qu'il s'en forge ; et c'est en quoi consiste l'opposition entre servitude et liberté.

Les deux termes de cette opposition ne sont au reste que des limites idéales entre lesquelles se meut la vie humaine sans pouvoir jamais en atteindre aucune, sous peine de n'être plus la vie. Un homme serait complètement esclave si tous ses gestes procédaient d'une autre source que sa pensée, à savoir ou bien les réactions irraisonnées du corps, ou bien la pensée d'autrui ; l'homme primitif affamé dont tous les bonds sont provoqués par les spasmes qui tordent ses entrailles, l'esclave romain perpétuellement tendu vers les ordres d'un surveillant armé d'un fouet, l'ouvrier moderne qui travaille à la chaîne, approchent de cette condition misérable. Quant à la liberté complète, on peut en trouver un modèle abstrait dans un problème d'arithmétique ou de géométrie bien résolu ; car dans un problème tous les éléments de la solution sont donnés, et l'homme ne peut attendre de secours que de son propre jugement, seul capable d'établir entre ces éléments le rapport qui constitue par lui-même la solution cherchée.

Les efforts et les victoires de la mathématique ne dépassent pas le cadre de la feuille de papier, royaume des signes et des dessins ; une vie entièrement libre serait celle où toutes les difficultés réelles se présenteraient comme des sortes de problèmes, où toutes les victoires seraient comme des solutions mises en action. Tous les éléments du succès seraient alors donnés, c'est-à-dire connus et maniables comme sont les signes du mathématicien ; pour obtenir le résultat voulu, il suffirait de mettre ces éléments en rapport grâce à la direction méthodique qu'imprimerait la pensée non plus à de simples traits de plume, mais à des mouvements effectifs et qui laisseraient leur marque dans le monde. Pour mieux dire, l'accomplissement de n'importe quel ouvrage consisterait en une combinaison d'efforts aussi consciente et aussi méthodique que peut l'être la combinaison de chiffres par laquelle s'opère la solution d'un problème lorsqu'elle procède de la réflexion. L'homme aurait alors constamment son propre sort en mains ; il forgerait à chaque moment les conditions de sa propre existence par un acte de la pensée. Le simple désir, il est vrai, ne le mènerait à rien ; il ne recevrait rien gratuitement ; et même les possibilités d'effort efficace seraient pour lui étroitement limitées. Mais le fait même de ne pouvoir rien obtenir sans avoir mis en action, pour le conquérir, toutes les puissances de la pensée et du corps, permettrait à l'homme de s'arracher sans retour à l'emprise aveugle des passions. Une vue claire du possible et de l'impossible, du facile et du difficile, des peines qui séparent le projet de l'accomplissement efface seule les désirs insatiables et les craintes vaines ; de là et non d'ailleurs procèdent la tempérance et le courage, vertus sans lesquelles la vie n'est qu'un honteux délire. Au reste toute espèce de vertu a sa source dans la rencontre qui heurte la pensée humaine à une matière sans indulgence et sans perfidie. On ne peut rien concevoir de plus grand pour l'homme qu'un sort qui le mette directement aux prises avec la nécessité nue, sans qu'il ait rien à attendre que de soi, et tel que sa vie soit une perpétuelle création de lui-même par lui-même. L'homme est un être borné à qui il n'est pas donné d'être, comme le Dieu des théologiens, l'auteur direct de sa propre existence ; mais l'homme posséderait l'équivalent humain de cette puissance divine si les conditions matérielles qui lui permettent d'exister étaient exclusivement l'œuvre de sa pensée dirigeant l'effort de ses muscles. Telle serait la liberté véritable.

Cette liberté n'est qu'un idéal, et ne peut pas plus se trouver dans une situation réelle que la droite parfaite ne peut être tracée par le crayon. Mais cet idéal sera utile à concevoir si nous pouvons apercevoir en même temps ce qui nous sépare de lui, et quelles circonstances peuvent nous en éloigner ou nous en approcher.

Commentaire

1 • La liberté cartésienne

• Faire ce qu'on désire, ce peut être faire ce que demain on regrettera, par exemple si l'on agit en état d'ébriété. Ainsi, chacun sait que la vraie liberté ne consiste pas dans le pouvoir de satisfaire ses désirs quels qu'ils soient, ni n'importe comment : elle ne se définit donc pas « par un rapport des désirs à leur satisfaction », mais par le pouvoir de prendre les bonnes décisions, « par un rapport entre la pensée et l'action » (l. 4-5).

• Platon, dans le *Gorgias*, l'avait montré. La pire des vies, pour celui qui la vit, est celle du tyran fou : il a tout pouvoir sur les autres mais n'est pas maître de lui ; il est libre au sens où il peut satisfaire tous ses désirs, mais ce n'est qu'une fausse liberté. C'est être esclave que ne pas savoir ce qu'on fait. Celui qui se laisse emporter aveuglément par ses désirs est aussi esclave que s'il était soumis à un autre que lui-même, il est, comme on dit, *hors de lui*. Au contraire, l'homme libre « dispose de sa faculté d'agir ». Cette maîtrise n'est pas un pouvoir sur les autres ou sur les choses, mais sur soi.

• Pour former l'idée de la liberté, il suffit ici d'opposer l'esclavage absolu d'un homme dont la pensée et l'action sont dictées par un autre ou par le dérèglement de son corps (par exemple un homme qu'on aurait drogué à son insu), et la liberté absolue de l'acte par lequel nous conduisons une démonstration mathématique. En effet, quand je comprends les propriétés du triangle, ma pensée est bien la mienne, elle est libre : alors et alors seulement je peux être certain de ne pas être le jouet d'un déterminisme physiologique, psychologique et social. Ce paradoxe – la pratique des mathématiques est l'archétype de la liberté –, tel est le cœur de la philosophie de Descartes et de Spinoza.

• Le troisième paragraphe du texte de Simone Weil décrit cette liberté absolue. (C'est nous qui avons découpé le texte en cinq paragraphes.)

2 • Liberté et mondialisation

• Le lecteur pourra, à partir de cette analyse, se demander ce qui, dans l'organisation des sociétés humaines, concourt à la liberté ainsi définie, ou au contraire ce qui rend les hommes esclaves, incapables de savoir réellement ce qu'ils font. En effet, si la plupart de nos actions s'inscrivent dans une coopération mondiale, à la fois scientifique, technique et économique, telle que personne ne peut en maîtriser la complexité et comprendre par là le sens de son travail particulier, alors, inévitablement, quelle que soit la prospérité qu'apporte une telle coopération, tous deviendront esclaves d'un monde sans tyran : dans un tel monde, c'en est fini des Lumières telles que Kant les définissait.

• Simone Weil décrit ce monde dans les années 30, au moment même où, en 1931, Aldous Huxley écrit *Le Meilleur des mondes*. Orwell publiera *1984* en 1945.

TEXTE 4

ALAIN, *Vigiles de l'esprit* (1942) ♦ XLIII, © Éditions Gallimard

Alain, professeur de philosophie (1868-1951), a écrit toute sa vie de courts propos publiés d'abord dans la presse. En voici un, qui développe un paradoxe sur la nature du fanatisme : la part animale et sensible de l'homme le porte à la pitié; sa raison, au contraire, le pousse au fanatisme. La violence dont l'homme est capable ne vient pas de quelque animalité archaïque tapie au fond de lui mais de ce qu'il pense !

L'âme du fanatisme

La pitié est du corps, non de l'esprit. Au niveau de la fureur aveugle et de la crainte. Ces tumultes se contrarient assez bien pour que la paix soit ; les crimes et les supplices sont des accidents. Mais l'esprit est redoutable. Un homme qui pense est aussitôt législateur, juge et prêtre ; et tous les hommes pensent. Cette difficile mission, dès qu'ils la reconnaissent, les rend inquiets et bientôt convulsionnaires[1]. L'éloquence qui ne peut réussir est le mal de tous. Quand l'homme forme une pensée, je m'enfuis ; cette fureur contre lui-même sera sans égards pour moi. La musique accorde et adoucit ; mais quoi de plus irritable aussi qu'un musicien ? Or l'éloquence est toujours un essai de musique. Jean-Christophe enfant[2] reçoit des coups ; s'il faisait des objections et non des fausses notes, que serait-ce ? Heureusement les pensées de l'enfance sont toutes des pensées d'objets, et sans réflexion encore.

L'esprit n'a point de pitié, et n'en peut avoir ; c'est le respect qui l'en détourne. Ce législateur cherche le législateur, et l'a bientôt reconnu. Le moindre signe de pensée en l'autre donne une grande espérance, et aussitôt une grande déception. Alliés ou ennemis. Le latin et le grec ont fait comme une trêve de Dieu ces temps-ci ; et il est clair que chacun y mettait du sien, car l'homme est un dieu pour l'homme ; mais chacun sent bien aussi que cet accord délicieux ne

1. Convulsionnaires : en état de transe.

2. Jean-Christophe : héros du roman de Romain Rolland *Jean-Christophe* (1904-1912), qui a pour modèle Beethoven.

peut durer; les dieux sont jaloux. L'amour pardonne beaucoup; le respect ne pardonne point. Celui qui pense, je n'ai pas le droit de le laisser à ses pensées; il n'a point le droit de me laisser à mes pensées. C'est mépriser. Respect est guerre. Songez à ceci que c'est presque une injure de ne point s'irriter contre le contradicteur; ce serait une sorte de pitié insupportable, car ce n'est qu'aux fous qu'on donne pitié. Ce n'est point parce que l'autre a tort que je m'irrite, c'est parce qu'il a raison. Comment puis-je sortir de là ? Je lui dois respect comme à moi-même, mais il faut pourtant que je choisisse. Scandale; deux dieux qui ne s'accordent point en un. Ici est l'âme du fanatisme; et le fanatisme n'est ni petit, ni vil ni inhumain; il va à une violence généreuse, et paye de soi; les guerres le font bien voir.

Il n'y a de guerres que de religion; il n'y a de pensées que de religion; tout homme pense catholiquement, ce qui veut dire universellement; et persécute s'il ne peut convertir. À quoi remédie la culture qui rend la diversité adorable; mais la culture est rare. Et la dangereuse expérience de ces siècles-ci est d'interroger tout homme comme un oracle, remettant à chacun la décision papale. Toutes ces majestés sont maintenant hérissées; les dieux sont en guerre; il pleut du sang. Ces maux descendent du ciel.

Délier l'homme de sa propre pensée ce n'est pas facile; il ne veut point être délié; il jure qu'il ne sera pas délié. La moindre pensée enferme un serment admirable de fidélité à soi. Je ne vois presque que des gens qui mourront pour leur pensée, dès qu'on le leur demandera. S'ils sont ainsi, il ne faut point s'étonner qu'ils tuent aussi pour leur pensée; les deux ne font qu'un. Rançon de noblesse. Ce n'est pas peu déjà si l'on comprend que la tolérance est chose difficile; car c'est comprendre l'autre en ses différences, et vaincre l'opposition; œuvre de force, et non pas de faiblesse. Sans doute faut-il parvenir à former toutes les opinions possibles selon la vérité; à quoi les Humanités[1] nous aident; car tout ce qui est humain veut

1. Humanités : étude des grandes œuvres de l'humanité, et d'abord de la langue et de la littérature grecques et latines.

respect ; mais la beauté ne demande pas respect, car elle ravit tout. Ainsi l'*Iliade* fait la paix par la poésie guerrière tout autant que la complainte ésopique[1]. Et la difficulté d'instruire vient de ce qu'il faut de la grandeur d'abord, et je dis même du sublime, au penseur le plus humble. Nul homme n'est humble.

15 juillet 1922.

Commentaire

1 • Un paradoxe : vouloir avoir raison

• Penser, c'est exiger la vérité. Or une proposition vraie est universelle (ce qui se dit *catholique* en grec) : tout homme doit pouvoir la tenir pour vraie. Donc un homme qui prend ses pensées au sérieux considère que les autres doivent aussi les tenir pour vraies et refuse qu'on pense autrement que lui. Dès que nous prétendons à la vérité, nous sommes « monothéistes » : nous sommes incapables de supporter que d'autres aient d'autres dieux que nous.

• Lorsque deux esprits prétendent avoir raison, ils s'affrontent, et c'est là la source des guerres. Il n'y a pas de guerre animale. Il suffit de voir comment une conversation peut s'échauffer pour comprendre que l'homme est prêt à risquer sa vie pour ce qu'il croit vrai. Nous faut-il payer à ce prix l'honneur de penser ?

2 • Fanatisme ou relativisme ?

Ou faut-il renoncer à toute exigence de vérité et donner raison aux relativistes ? Le relativiste considère que chacun a son opinion et que nul ne peut prétendre à la vérité. Il en résulte que le seul accord possible entre nous consiste à admettre nos désaccords. En ce sens il y a une noblesse du fanatisme, qui est le refus de renoncer à la vérité. Mais comment conserver l'exigence de vérité, c'est-à-dire d'universalité, sans pour autant vouloir convaincre les autres par tous les moyens ? Comment garder la conviction que mon dieu est le seul véritable et ne pas m'en prendre à ceux pour qui il n'est rien ?

---

1. **Ésopique** : d'Ésope (VIIe-VIe siècle av. J.-C.), fabuliste grec dont s'inspirera La Fontaine.

3 • La culture

• En se cultivant ! Alain, ici, ne prend pas le terme de *culture* au sens ethnologique ou sociologique, mais il entend par *culture* (au singulier) le fait d'avoir cultivé les beaux-arts, la littérature, les sciences, la philosophie, etc. (c'est en ce sens aussi qu'on parle de *culture physique*). Celui qui a lu Homère sait qu'il n'y a pas moins d'humanité chez les Grecs d'il y a trois mille ans que chez nous qui n'avons plus les mêmes dieux. Celui qui aime la peinture sait qu'il n'y pas qu'un seul peintre et que tous ne sont pas de son pays. Ainsi la culture est une forme de polythéisme : elle « rend la diversité adorable », c'est-à-dire libère l'adoration de toute exclusivité, et c'est par là qu'elle libère du fanatisme.

• La culture nous délivre des préjugés qui sont liés à notre appartenance à une société ou à un groupe social donnés (à *une* culture au sens ethnologique du terme). Car notre prétention naturelle à avoir raison nous fait ériger nos mœurs et nos habitudes en normes universelles, ce dont seule la vraie culture nous apprend à nous garder. Nous découvrons alors que l'exigence d'universalité inclut l'amour de la diversité, mais d'une diversité cette fois comprise comme toujours également humaine : nous devenons capables de reconnaître notre semblable en celui-là même qui ne nous ressemble pas tant il est différent de nous.

4 • Remarque de vocabulaire

• Le terme de *fanatisme* désigne d'abord la fureur religieuse d'illuminés prêts à massacrer ceux qui ne croient pas comme eux. Il a par extension désigné toute violence faite au nom d'une croyance quelle qu'elle soit.

• Le terme de *tolérance* a d'abord une signification religieuse et politique. Il désigne le droit de pratiquer la religion qu'on veut, puis le droit de n'avoir pas de religion. On sait que le catholicisme interdisait l'apostasie, c'est-à-dire le fait de renoncer à sa foi. Cette interdiction est aujourd'hui encore en vigueur dans des pays musulmans.

• Aujourd'hui le terme de *tolérance* a pris un sens beaucoup plus large et même vague : il désigne le respect d'autrui en général et non pas seulement la liberté qu'on lui donne de dire ce qu'il croit ou de vivre comme il l'entend. Par exemple, on appelle alors *tolérance* le respect des handicapés. (Voir sur ce point la problématique 1 [p. 116-118] : La liberté d'opinion signifie-t-elle que toutes les opinions sont respectables ?)

La liberté d'expression signifie-t-elle que toutes les opinions sont respectables ?

Cette question porte sur le fondement de la liberté d'expression : faut-il garantir à tout homme le droit d'exprimer ses opinions parce que toutes sont également respectables ? Or il arrive qu'on se trompe et qu'on émette une opinion stupide : une telle opinion ne mérite pas le respect. Faut-il alors en interdire l'expression ? Sur quoi repose la liberté d'opinion, si elle est indépendante de la valeur des opinions ?

LA TOLÉRANCE SCEPTIQUE

1 • Pardonnons-nous réciproquement nos erreurs

• Voltaire, dont le combat pour la liberté d'expression a montré le courage, disait ceci : « Qu'est-ce que la tolérance ? C'est l'apanage de l'humanité. Nous sommes tous pétris de faiblesses et d'erreurs ; pardonnons-nous réciproquement nos sottises, c'est la première loi de la nature. » (Article « Tolérance » du *Dictionnaire philosophique*.)

• La liberté d'expression se trouve ainsi fondée sur une sorte de **scepticisme** : parce que nous ne sommes jamais sûrs d'avoir raison, laissons les autres s'exprimer.

2 • Le droit à l'erreur

• Mais que se passe-t-il si je suis un jour assuré d'avoir raison ? Fonder la tolérance sur le scepticisme ou le relativisme (à chacun son opinion, il n'y a pas de vérité) ne permet pas de répondre au fanatique, si certain d'être dans le vrai qu'il refuse aux autres le droit de penser autrement que lui.

• De plus, faisant disparaître la distinction de la vérité et de l'erreur, le relativisme interdit tout progrès des sciences. Établir la vérité sur une question, c'est en effet faire la critique des erreurs par lesquelles commence généralement toute recherche. C'est pourquoi la recherche de la vérité suppose qu'on accepte l'épreuve de la discussion, c'est-à-dire qu'on admette la contradiction : penser que mon interlocuteur se trompe n'implique pas que je lui refuse de dire ce qu'il tient pour vrai. Ainsi, il y a un droit à l'erreur qui ne repose pas sur un relativisme sceptique mais sur la volonté de savoir.

LE FONDEMENT DE LA LIBERTÉ D'OPINION

1 • Respect de la liberté et non des opinions

La liberté d'expression, c'est aussi le droit à l'erreur. Nous avons vu avec le texte de Kant sur les Lumières que, sans cela, aucun débat n'est possible et qu'aucune erreur ne peut être corrigée. Ce droit ne signifie pas qu'une opinion erronée doit être l'objet de respect et qu'elle vaut autant qu'une vérité. Mais la liberté est une condition de la pensée. La liberté d'opinion ne signifie pas que nous devons respecter également toutes les opinions, mais qu'en tout homme la liberté doit être respectée.

2 • Une opinion ou un jugement n'a de sens que si celui qui le forme est libre de le formuler

D'une part, en effet, si une contrainte s'exerce sur un homme, on ne peut être sûr qu'il dira ce qu'il pense – c'est donc le règne assuré du mensonge, la constitution de sociétés secrètes, etc. D'autre part, et c'est là l'essentiel, il n'y a pas de pensée sans liberté : comprendre, c'est juger par soi-même et non se soumettre à l'avis d'un autre. Toute limitation de la liberté d'expression (liberté extérieure) porte atteinte à la liberté de penser (liberté intérieure), c'est-à-dire à la pensée (comme on peut le comprendre à partir du passage de *Qu'est-ce que s'orienter dans la pensée ?* cité dans la fiche 3 [p. 53]). Il n'est pas vrai qu'on puisse penser librement en soi-même s'il est interdit de communiquer ses pensées. La pression qui s'exerce alors sur les hommes les paralyse et les habitue à ne pas penser par eux-mêmes.

3 • L'interdiction de propos racistes n'est pas une limitation de la liberté d'opinion

Mais attention ! La liberté d'expression n'est pas le droit de s'en prendre aux personnes. Je peux écrire que la politique menée par tel ministre est mauvaise, je n'ai pas le droit de rédiger un appel au meurtre : il ne s'agit plus alors d'une opinion mais d'une action. De la même façon, un propos raciste met en dehors de l'humanité une partie d'elle-même, ce qui n'est pas une opinion mais un délit, intolérable. La loi qui l'interdit ne limite donc pas la liberté d'opinion, elle la garantit.

CONCLUSION : LE VRAI RESPECT D'AUTRUI

Considérer que toutes ses opinions se valent, c'est donc mépriser son semblable. À quoi bon, dans ces conditions, débattre et prendre au sérieux ses propos ? C'est au contraire le respecter que s'opposer à ceux de ses propos que nous jugeons faux : alors, et alors seulement, un vrai dialogue est possible où chacun peut librement examiner et juger, alors et alors seulement il est possible de chercher la vérité en commun.

Reconnaître une obligation, est-ce renoncer à être libre ?

On subit une contrainte, *on reconnaît une* obligation *: être obligé n'est pas être forcé. Souvent nous confondons les deux notions, mais c'est qu'alors nous parlons mal. Se demander si reconnaître une obligation, c'est renoncer à être libre, revient donc à se demander si distinguer obligation et contrainte a un sens. Ou bien faut-il soutenir qu'il n'y a là que deux synonymes ?*

LA GÉNÉALOGIE PSYCHOLOGIQUE DE LA MORALE

1 • Le caractère moral de l'obligation n'est qu'une croyance

• La question se pose parce qu'il n'y a qu'à considérer la diversité des obligations auxquelles les hommes se croient tenus pour voir qu'elles s'imposent à eux du fait de leur existence sociale ou de leurs affections : ce qu'ils reconnaissent comme des obligations, c'est-à-dire assument comme étant leur propre volonté, est en réalité une intériorisation de contraintes extérieures (sociales) ou intérieures (leurs passions).

• Lorsque nous nous imaginons obligés, alors que nous suivons nos passions ou les habitudes et les règles imposées par une société donnée, nous donnons une signification morale à la contrainte que nous subissons.

2 • D'où vient ce moralisme ?

• Ainsi nous nous mentons à nous-mêmes, nous nous disons que ce qu'en réalité nous subissons, procède de notre liberté. Nous mettons sur le compte de notre volonté une nécessité d'ordre social et psychologique. Nous sommes des moralisateurs et par là faisons notre malheur, puisque nous nous donnons mauvaise conscience, du fait que nous nous tenons pour responsables de nos décisions quand en réalité elles ne font qu'exprimer une nécessité sociale ou psychologique.

• L'œuvre de Nietzsche nous apprend à nous délivrer d'une telle illusion. La généalogie nietzschéenne de la morale montre en effet comment nos croyances morales viennent de nos passions et consistent, par exemple, à faire passer pour une exigence supérieure ce qui n'est en réalité qu'une incapacité à supporter la vie : ainsi le ressentiment se donne l'apparence de la vertu.

VRAIE ET FAUSSE MORALE

1 • La fausse morale

• Cette critique de l'illusion moralisatrice est irréfutable : elle dévoile les fausses obligations, la fausse morale des moralisateurs. Mais elle ne prouve pas qu'il n'y a que des fausses obligations. Oui, une obligation qu'on peut expliquer par des conditions sociales ou psychologique est relative à ces conditions et par conséquent ne nous oblige que si nous avons la faiblesse d'y céder : c'est une fausse obligation !

• L'obligation de soigner les malades (serment d'Hippocrate) est-elle vaine ? La critique du moralisme ne porte pas sur la morale mais sur une fausse morale.

2 • L'obligation, preuve de la liberté

• « Il faut soigner les malades » est un **impératif inconditionné**, ce qui signifie qu'il n'est pas relatif à une civilisation ou une société particulière, mais qu'il s'impose **absolument** à tout être raisonnable. Une véritable obligation est un **impératif catégorique** qui, comme tel, ne relève pas de la psychologie.

• Si donc, avec Kant, nous nous demandons ce qu'il faut que nous soyons pour avoir de vraies obligations, nous voyons immédiatement qu'il faut que nous soyons libres, c'est-à-dire que notre volonté ne soit pas seulement l'expression de la nature et de l'histoire en nous.

L'AUTONOMIE

• Mais sommes-nous libres, si les notions de devoir et d'obligation comportent l'idée d'une **contrainte** qu'on exerce sur soi ? Comment résoudre cette contradiction ?

• Le citoyen d'une république est à la fois **législateur** (il décide de la loi par son vote) **et sujet** (il doit obéir à la loi, c'est-à-dire à sa propre volonté). De même, l'obligation morale est en nous la manière dont notre propre volonté s'éprouve, parce qu'elle doit vaincre les penchants qui s'y opposent. L'homme n'a pas une volonté si pure qu'il ne rencontre jamais de résistance en lui. La liberté consiste donc dans l'**autonomie** (du grec *autos*, « soi-même » et *nomos*, « loi »), c'est-à-dire dans l'obéissance à la loi qu'on s'est prescrite.

CONCLUSION

Nous nous savons libres parce que nous nous savons obligés, nous sommes obligés parce que nous sommes libres : noblesse oblige, commentait Alain.

Qu'est-ce qu'avoir de la volonté ?

AVERTISSEMENT : PROBLÉMATIQUE ET VOCABULAIRE

• Une problématique n'est pas simplement un problème, mais l'ensemble des conditions qui font qu'un problème se pose. Une question ne peut devenir un problème et ainsi donner lieu à la formulation d'une problématique que si elle est d'abord comprise en son sens premier, et c'est donc d'abord une affaire de langue.

• Ainsi, comprendre un sujet de dissertation est d'abord une question de langue. Non pas de vocabulaire philosophique, mais de langue française : le baccalauréat n'exige pas une connaissance du vocabulaire technique de la philosophie. La consultation d'un dictionnaire (le grand *Robert* ou le *Littré*) permet de trouver des expressions courantes et de comprendre le sujet : *volonté de fer*, *ténacité*, *détermination*, *force d'âme*, *caractère*, *courage*, *cran*, *énergie*, *résolution* (en un sens parfois péjoratif, *opiniâtreté*) et le contraire : *manquer de volonté*, *sans volonté*. *Robert* donne une citation de Chateaubriand très éclairante : « [...] j'ai cette volonté bretonne qui ne recule jamais, que l'événement peut contrarier, mais qu'il ne peut jamais soumettre. Croyez-moi ; avec une volonté inflexible, on est presque toujours plus fort que l'événement. »

INTRODUCTION

1 • Sens de la question posée

L'expression *avoir de la volonté* signifie en français *être capable de prendre des décisions et de s'en tenir fermement à celles qu'on a prises*. Ce qui revient à définir la volonté par sa fermeté. Pourquoi la constance (la fidélité à soi) est-elle essentielle à la volonté et même la définit-elle ? Telle est la question posée.

2 • Le problème

Si la permanence du vouloir, une fois qu'une décision est prise, est l'essence du vouloir, alors il faut dire que la liberté consiste moins dans le pouvoir de choisir entre plusieurs solutions que dans la capacité, une fois qu'on a choisi, de s'en tenir au choix qu'on a fait.

L'IRRÉSOLUTION

1 • Le manque de volonté

Celui qui prend un parti et qui en change aussitôt n'a pas de volonté : l'irrésolu est ainsi sans cesse porté d'un côté puis d'un autre au gré des circonstances et de ses humeurs, et il regrette ce qu'il a décidé ou fait. Des peuples entiers ne font que suivre les événements. La philosophie cartésienne de la liberté est un combat contre l'irrésolution.

2 • La volonté et l'entendement

D'où vient en effet l'irrésolution ? Se marier, se lancer dans un métier, les décisions qui déterminent notre vie ne sont jamais fondées sur un savoir suffisant. Nous ne pourrions prendre aucune décision si nous attendions de connaître tous les tenants et aboutissants de nos actes. Ainsi la distinction cartésienne de la volonté ou faculté de se décider, et de l'entendement, ou faculté de connaître, signifie que l'entendement est fini et que la volonté est infinie, en ce qu'elle doit trancher lors même que l'entendement ne l'a pas complètement éclairée. Est-ce avouer que l'action comporte toujours une part de pari aveugle ou irrationnel ?

L'ACTION

1 • La nécessité du vrai

Deux et deux font quatre est une **vérité nécessaire**, c'est-à-dire **impossible à nier** ou qu'il serait absurde de nier. Ainsi, lorsque nous menons une démonstration, nous n'avons pas à choisir : la nécessité de la vérité mathématique s'impose. Alors nul besoin de vouloir, il suffit d'avancer en fonction de ce qu'on voit.

2 • La pratique

Dans la pratique de la vie, au contraire, se rencontre rarement une telle nécessité, et **il faut choisir** : aucun calcul ne dispense d'avoir à prendre parti. Ainsi, on choisit rarement son métier, mais il dépend de nous de le faire bien. En ce sens nos choix comptent moins que la manière dont nous sommes capables de leur être fidèles et d'en faire quelque chose de positif : **la permanence de la volonté est la vérité de la volonté**.

CONCLUSION

On remarquera que si un calcul nous permettait de savoir tout ce qui résulte nécessairement d'une action, agir n'aurait aucun sens. Connaître l'avenir n'a pas de sens. Avoir de la volonté, c'est faire l'avenir au lieu de se laisser emporter par les circonstances extérieures et les affections intérieures. L'irréductibilité de l'action à la connaissance est, pour l'homme, une condition de sa liberté.

Glossaire

Analogie

Analogie veut dire égalité de rapport : a/b = b/c est une analogie. *De même que..., de même...* exprime ainsi une comparaison qui met en rapport ou en relation des choses différentes, et c'est cela l'analogie. Deux choses sont analogues quand, différentes, elles sont semblables sous un rapport donné. Le langage commun compare la lumière et l'esprit, qui sont deux choses radicalement différentes : on parle des *yeux de l'esprit* ; on dit, au lieu de « comprendre », *voir clair*, etc. Celui qui aurait ainsi médité et approfondi les analogies dont la langue est porteuse serait déjà philosophe.

Autonomie

Ne pas confondre avec indépendance. L'autonomie est l'obéissance à la loi qu'on s'est soi-même prescrite. Au contraire, l'hétéronomie est soumission à une loi imposée et dont on n'est pas l'auteur. Ainsi, le citoyen de la République est législateur en ce qu'il décide par son suffrage de la loi commune, et il est soumis à cette loi (il est sujet) et tenu de lui obéir une fois qu'elle a été votée. Être autonome, c'est être ainsi à la fois citoyen et sujet. Dans un régime despotique, les hommes sont sujets sans être citoyens. Si l'hétéronomie exclut la liberté, la liberté elle-même n'est pas sans lois : un homme qui n'obéit pas aux lois que sa raison lui prescrit n'est pas libre mais soumis à ses inclinations, et l'apparence de liberté qui consiste à faire tout ce qui nous plaît est hétéronomie. C'est dire qu'il y a une unité fondamentale de la raison et de la liberté : et c'est aussi cela, les Lumières. *Cf.* aussi Hétéronomie.

Cosmopolitique

Qui a trait à l'homme en tant que citoyen du monde. Ainsi, l'homme est le seul être du monde qui vive selon la loi du monde parce qu'il la connaît comme la connaît Zeus lui-même. Cyniques (Diogène de Sinope) et stoïciens se disaient citoyens du monde avant d'être citoyens de leur cité ou de Rome. Chez Kant, la reprise de l'idée de cosmopolitique est d'abord une réflexion sur la paix entre les États et sur l'idée d'une société des nations qui règle les conflits entre États.

Hétéronomie

Suivre une inclination ou un penchant, c'est suivre la loi de la nature, et s'il n'y a là rien qui soit immoral en soi, pourvu qu'on respecte l'humanité en soi-même et en autrui, il n'y a là aucune liberté. Ainsi, que la loi morale soit fondée sur la nature humaine ou sur la volonté divine, il y a hétéronomie et non autonomie. La philosophie pratique de Kant est pour cette raison un refus de tout fondement aussi bien anthropologique que théologique de la morale. *Cf.* aussi Autonomie.

Minorité

Le terme allemand est *Unmündigkeit* et c'est comme en français un terme juridique. Mineur en allemand, c'est être sous tutelle. *Cf.* Friedrich Kluge, *Ethymologisches Wörterbuch der deutschen Sprache*, 1957, 16e éd., Berlin, Walter de Gruyter ; *der Vormund*, qui signifie *der Schutz*, « protection », renvoie à *die Mund* (et non *der Mund*, « la bouche »), terme qui n'existe plus, et qui signifiait en vieil allemand « la main » (*die Hand*), « la protection » (*der Schutz*), « la tutelle » (*die Vormundschaft*), et vient du latin *manus* (*in manu mea est*). Il n'est donc pas question de parole ou d'*infans*, terme latin d'où vient le français « enfant » et signifiant « qui ne parle pas ».

Symbole

Le symbole, au sens général du terme, est l'expression sensible de quelque chose qui est l'objet de l'intellect (d'une idée) : par exemple, la balance est le symbole de la justice. Dans l'opuscule de 1784, le mot « symbole » est pris au sens qu'il a dans la langue théologique : formulation obligatoire de ce qui constitue la croyance commune en vigueur dans une Église donnée, ce qui comprend donc les professions de foi et pas seulement ce qu'on appelle « symbole » au sens premier du terme. Généralement, les prêtres des Églises allemandes du XVIIIe siècle devaient prêter serment sur les textes où ces « symboles » étaient rédigés.

Bibliographie

Les œuvres de Kant sont publiées en trois tomes dans la collection « Bibliothèque de la Pléiade » des Éditions Gallimard et dans différentes collections de poche.

Œuvres de Kant complémentaires à la lecture de *Qu'est-ce que les Lumières ?*

- *Critique de la raison pure*, 1781.
- *Idée d'une histoire universelle au point de vue cosmopolitique*, 1784.
- *Fondements de la métaphysique des mœurs* (1785), Hatier, coll. « Classiques et Cie Philosophie », 2007.
- *Qu'est-ce que s'orienter dans la pensée ?* 1786.
- *Critique de la raison pratique*, 1788.
- *Critique de la faculté de juger*, 1790.
- *La Religion dans les limites de la simple raison*, 1793.
- *Projet de paix perpétuelle* (1795), Hatier, coll. « Classiques et Cie Philosophie », 2007.

Introduction à la lecture de Kant

- DELBOS, Victor, *La Philosophie pratique de Kant*, rééd., PUF, 1969.
- HANSEN-LØVE, Ole, *Analytique du beau*, Hatier, coll. « Classiques et Cie Philosophie », 2007.
- MUGLIONI, Jean-Michel, *Apprendre à philosopher avec Kant*, Ellipses, 2014.

Ouvrages sur les Lumières

- BRUNSCHWIG, Henri, *La Crise de l'État prussien à la fin du XVIIIe siècle et la genèse de la mentalité romantique*, PUF, Paris, 1947 ; repris sous le titre *Société et romantisme en Prusse au XVIIIe siècle*, Flammarion, 1973.
- CASSIRER, Ernst, *La Philosophie des Lumières*, Presses Pocket, coll. « Agora », 1990.
- GERSHOY, Léo, *L'Europe des princes éclairés, 1763-1789*, G. Monfort, 1982.

Conception graphique de la maquette : c-album, Jean-Baptiste Taisne, Rachel Pfleger ; Studio Favre & Lhaïk ; dossier : Lauriane Tiberghien • Principe de couverture : Double • Mise en page : Chesteroc Ltd • Chronologie : Domino • Suivi éditorial : Luce Camus

PAPIER À BASE DE FIBRES CERTIFIÉES

FOUCHER s'engage pour l'environnement en réduisant l'empreinte carbone de ses livres. Celle de cet exemplaire est de :
400 g éq. CO_2
Rendez-vous sur www.editions-foucher-durable.fr

IMPRIM'VERT

Achevé d'imprimer par Grafica Veneta SpA - Italie
dépôt légal n° 99140-0/05 - Août 2019